いつも感じのいい人のたった6つの習慣

お茶の若宗匠が教える
「人づきあい」と「ふるまい方」

千宗屋
茶人・武者小路千家家元後嗣

小学館

立ち居ふるまいやマナーは、
人間関係をよくするためにある。

あの人と話すといつも話がすっきりとまとまる。
あの人と同じチームで働くと、
プロジェクトがなぜかスムーズに進む。
あの人のまわりにはいつも和やかな空気が満ちている。

そんな人が、あなたのまわりにもきっといるはず。

笑顔を絶やさず、
涼やかな立ち居ふるまいで、
わけへだてなく人と接する。
誰もが一緒にいて心地よい「感じのいい人」。
みなから信頼される人。

そんな人になりたい、
そうなれば人間関係の悩みなんて
きっとなくなるにちがいない。

日本の伝統文化には、人間関係を良好に保つための
ふるまい方や心づかいが随所に残っています。

千利休（せんのりきゅう）を祖とする茶の湯の家に生まれ、
また仏寺で修行した私自身の経験から、
われわれ日本人が大切にしてきたものを
あえて今一度、みなさんと見つめ直したいと思います。

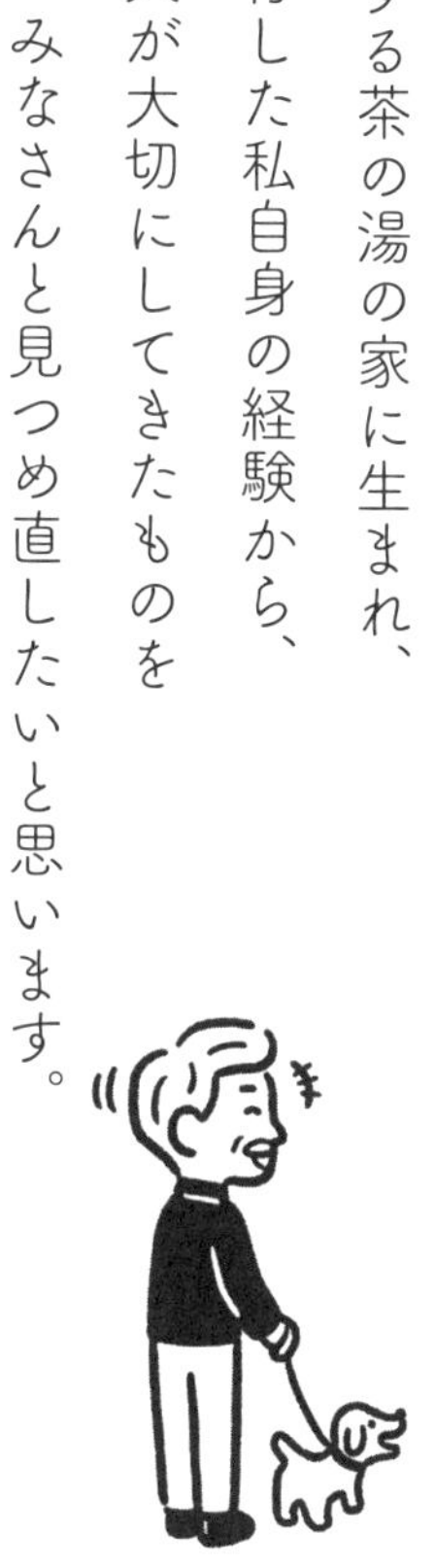

時間やお金の効率を優先し、無駄を省いてきたことで
人間関係が希薄になり、
人づきあいに悩む人が増えてきました。

人との距離感がわからなくなった時、
新しい環境になじめない時、
家族や友人との仲がぎくしゃくする時。
そんな時には、つい相手や環境のせいにしがちです。

でも、ちょっと立ち止まって
自分をふり返ってみてください。

立ち居ふるまいやマナーは、
人間関係をよくするためにある。

相手を変えようとせず、
自分のふるまいをちょっと変えるだけで、
反応が違ってくるはずです。

自分が変わることは、自分を押し殺すことではありません。
相手の身になって考え、感謝の気持ちを忘れず、
思いやりをもって接することは、
相手も自分も幸せになること。

「感じのいい人」が大事にしていることとは、なんでしょう？
「感じのいい人」がしていることは、

生まれついての性格からではなく、
ちょっとした心がけの積み重ねです。

この本を読むと、
「感じのいい人」が大事にしている基本の思考習慣と、
それをベースにした日常のふるまい方、
さまざまなシーンでのマナーについて
知ることができます。

「え？　マナーって関係ある？」
と不思議に思われたかもしれません。

そう、マナーとは、窮屈で決まりきった
作法のことではありません。
人間関係を円滑にするために先人が生み出した、
スマートなふるまい方、やさしい心づかいなのです。

この本ではまず、
「感じのいい人」の6つの基本の思考習慣を掲げました。
この国に生まれて身につけた美徳や心得から、
日本人が人間関係を築く上で大切にしてきた
考え方を知ることができます。
悩んだら、いつもここに立ち返るだけ。

さらにこの基本の思考習慣をもとに、
毎日どのように過ごせばよいかも挙げました。
「ありがとう」を伝える
「どうぞお先に」の気持ちを持つ
相手に「恥をかかせない」など。
日常の場面で自然に生かしたい習慣です。

最後は、具体的な場面での
ふるまい方やマナーについて。
ただし、恥をかかないために
丸暗記するマナーではありません。

基本の思考習慣を身につければ、
いざという時、瞬時に判断ができ、
さっと応用できるもの。
手元にマニュアルがなくても、
もう迷うことはありません。

すべては、「感じのいい人」として、
人と人との関係を円滑に運び、
信頼にもとづいた和やかな絆を結ぶため。
そのために必要な日本人の心得が、
この本には詰まっています。

「感じのいい人」が大事にしている たった6つの思考習慣とは？

ここに掲げる6つの思考を身につけ、習慣にすることができれば、いざという時、瞬時に判断ができ、さっと行動できるようになります。まわりの人からの信頼も得られ、人づきあいの悩みも少なくなることでしょう。

1 相手の気持ちを慮(おもんぱか)る

⬇ P26へ

2 神仏や自然、他者を尊ぶ 敬う

⬇ P30へ

3

自然の恵み、他者に**感謝する**

↓ P34へ

4

心の内より**きれい好き**に

↓ P38へ

5

ご縁を大切にする

↓ P42へ

6

わが身に置きかえる

↓ P46へ

↓ くわしくは第1章へ

CONTENTS

第3章

「感じのいい人」から「一目置かれる人」へ

CONTENTS

CONTENTS

CONTENTS

第4章 習慣を変えれば人生も変わる

お茶に関する用語について

この本では、お茶に関する言葉がたくさん出てきます。簡単に説明します。

◆**茶の湯**…一服の茶をふるまうことを中心とした、日本の伝統的な儀式（作法）や、それにまつわる文化全般を指します。茶道とも呼ばれます。

◆**茶　席**…ここでは茶会のことを指しています。亭主（招く側）が客を招いて催す会合で、いくつもの茶室を使い、おおぜいが参加する茶会を「大寄せ茶会」と呼びます。

◆**茶　事**…茶や料理を供する少人数の正式な茶会を「茶事」と呼んでいます。

◆**お　茶**…茶の湯で点てる抹茶そのものを指すことが多いのですが、文脈により茶の湯文化全般、お茶を楽しむ場などを指すこともあります。また茶道具などを指して、趣があることを「お茶がある」と表現することもあります。

第1章

「感じのいい人」の
ふるまい、6つの基本

——悩んだらここに立ち返る！

なぜか「感じのいい人」と、周囲から思われる人がいます。

そんな人たちの思考やふるまいのヒントは日常生活のさまざまな場面に隠れています。たとえば、同僚や上司、取引先と接するビジネスシーン、友人と交わす会話の場面、あるいは冠婚葬祭のような大切な局面で。

私たちのふるまい方ひとつで人間関係が深まって信頼が築けたり、あるいは逆に気まずい関係になったりすることがあるでしょう。そんな時、感じのいい人のふるまいは前者であることに気づきます。

そう、**自身のふるまい方や人づきあいへの姿勢こそが、感じのいい人として信頼を得るヒントとなる**のです。難しいことではありません。ここで紹介する基本の習慣をいつも心がけていれば、さまざまな場面で正しく自然にふるまうことができ、それが信頼へとつながっていくはずです。

「感じのいい人」はまわりを和やかにしてくれる人

私が思い出すのは、仏教の教えのひとつである「無財(むざい)の七施(しちせ)」です。徳を積むために実践すべき7つの教えとして説かれたものですが、これを私なりに意訳すると、

優しい眼差しで（眼施）
笑顔を絶やさず（和顔施）
思いやりのある言葉をかけ（言施）
いつでも手を差し伸べ（身施）
心配りを忘れずに（心施）
譲り合い（床座施）
心を尽くしてもてなす（房舎施）

となりましょうか。日常生活においてこれらのひとつでも行うことができれば、まわりの人びとを和やかな空気で包み、自分も幸せな気持ちになれるという、いわば人間関係を円滑にしてくれる行動指標のようなものです。

この教えを中心に提案するのが、次ページから紹介する6つの基本の思考習慣です。ぜひこの6つを念頭に置き、毎日を過ごすことを習慣にしてみてください。人間関係に悩み、迷いが生じたら、いつもここに立ち返ってみましょう。

基本の6つ

1 相手の気持ちを「慮る」

世界中の多くの国々の中で、日本という国はずいぶんと恵まれてきたのではないでしょうか。

食糧の乏しい砂漠地帯や極寒の地とくらべ、海に囲まれ、温暖湿潤で植物が育ちやすい日本の国土は、太古の昔から多くの人の食糧を確保できる環境でした。そのため、人が生きていくために戦って奪い合わなければならないという必然性が、他の地域よりも低かったのかもしれません。**「衣食足りて礼節を知る」という言葉の通り、日本人の中には、分け合い譲り合うという文化がいつしか生まれた**のだと思うのです。

長い歴史の中では飢饉や圧政に苦しんだ民もいたことでしょう。けれど幸いにも日本では、基本的には争わずとも待っていればちゃんと順番が回ってくるということが人びとの行動規範となり、それが現在の礼儀正しさや奥ゆかしさといった国民性にもつながっているのでしょう。人間関係が希薄になった今こそ、もう一度見つめ直したいものです。

「お互い様」の精神で

ここ数十年の間にも、日本は大きな自然災害に見舞われてきました。

そんな時にも、大規模な盗難事件や奪い合いといった争いごとは比較的少なく、「こんな時こそ、お互い様」の精神で助け合うという光景が多く見られました。

このことは海外でも大きく取り上げられ、多くの日本人はそこで初めて、自分たちが祖先から受け継いできたかけがえのない美徳について自覚したのではないでしょうか。

相手の立場を慮り、思いやる——私たちは、祖先から受け継いだこうした美徳を持っています。その気持ちは、目の前にいる人とは限らず、会うこともない他人に対してもめぐらせることができるはずです。なぜなら、思いやるとは、その人がうれしい、心地いいと感じるだろうな、と想像を広げることだからです。

その思いやりが形になってできあがった結果が、マナーや作法、ルールです。

たとえば、神社にお参りした時に手を清める手水舎。そこに置いてある柄杓の使い方には、決まった作法があります。しかし、大切なのは右手が先か左手が先かといった細かい決まりではなく、次の人が気持ちよく使えるよう、直接口をつけず、最後に柄杓を清めるという思いやりの行動です。

次に使う人の気持ちになって行動するのは、図書館で本を借りる時や、公衆トイレや駅のベンチなどを使う時も同じです。これが、他人本位の視点を持つということです。

同じような意味で、**「自分がされて嫌なことは、相手にはしない」**という言葉もあります。このように、あなたの思いやりによって、嫌な思いをせず、心地よく過ごせることに気づけば、きっと相手の人も、それに対して感謝の気持ちを持ってくれることでしょう。その気持ちは、あなたへの信頼につながり、あなたへの好意につながるはずです。

目の前の相手が心地よくいられるのか、次の人が気持ちよく使えるのか。いつもそのことを推し量り、思いやることを忘れずにいたいと思います。

おさらい 1

相手の立場に立って
「心地よい」かどうか
いつも思いやる

2 神仏や自然、他者を「尊ぶ」「敬う」

御朱印ブームや海外からの旅行客ラッシュもあり、神社やお寺にお参りする人は今も途切れることがありません。

さて、お参りして神前や仏前で手を合わせた時、何を思うでしょうか。「健康で暮らせますように」「受験が成功しますように」「仕事がうまく運びますように」といったお願いごとをしている人がほとんどではないでしょうか。

実はこれ、本来のお参りとは違うものです。**お参りとは、まず神仏や自然など人間の営みを超えた存在に対して日々無事に過ごせていることへの感謝を伝え、ご挨拶をしに伺うこと**です。願いごとをするものではありません。

特定の宗教を指すわけではありませんが、たとえば日本の昔ながらの習慣を例にしますと、朔日（ついたち）（月の第1日）など毎月きりのいい日に寺社にお参りをしてご挨拶をし、前の月にあったことを報告し、1ケ月無事に暮らせたことを感謝します。そして、日常から少し離れた静かで清浄な場所に自分を置き、手を合わせることによって、自分の気持ちをリセットし、乱れていた感情を落ち着かせるのです。

　これは、先祖の墓に参る時も同じで、家族と接するように先祖を身近に感じることを大切にする意味があります。

「お天道様が見ている」が、日本人の行動の本質

　神仏に手を合わせるという行為は、誰かに見せるために行うものではなく、神や仏と自分が向き合うこと。そしてそこには、いつも神仏の目があるのです。神仏のもとでは、他人の目がないからといってゴミを捨てるなどの無作法なふるまいは慎み、たとえ誰も見ていなくても、ちゃんと背筋を伸ばして神仏にご挨拶をし、感謝をしたいものです。

　昔からよく言われる「お天道様が見ている」という言葉も、神仏だけでなく自然そのものに対して恥ずかしくない行動をせよという意味です。そこには、自然や神仏に対する絶対的な敬意があります。この敬意があれば、公共の場であっても、「誰もいなくても自然や神仏など超越した存在がある」という思いから、無礼な行いを

しないよう心がけるはずです。

それこそが本来の日本人の行動規範、すなわちふるまいやマナーの本質ではないかと、私は思うのです。

この「敬う」という気持ちは、神仏だけでなく、人にも当てはまります。相手を敬い、尊重する気持ちです。**他者の行動を認め、他者の言葉に耳を傾けることで、自らの成長も促される**はずです。

作法やマナーを語る時、「恥をかかないために」という前置きをよく耳にします。もちろん、恥ずかしい思いをしたくないというのは、自分を守る行動であり、持っていて当然の感情です。しかし、少し考え方を変えてみて、神仏や自然、他人を敬い、尊ぶことを基本にしてみてはどうでしょう。

そうすることで、自ずと不快な行動を取ることもなく、誰に対しても心地よいふるまい方ができるようになっていることでしょう。「敬う」という気持ちをこそ、自らの行動を律する根拠としたいのです。

おさらい 2

何ごとにも敬意を持って行動する

3 自然の恵み、他者に「感謝する」

この章の冒頭にも述べたことですが、私たち日本人の気質は、この国の風土や自然の影響を強く受けてできあがってきました。自然の恵みに対する感謝の気持ちが、特定の宗教ではなく、森羅万象すべてのものに宿る八百万（やおよろず）の神への祈りとして、自然発生的に生まれてきたのでしょう。

これが、もっと厳しい環境に生きる民族であれば、自然とは闘うものであり克服すべき存在として畏怖されてきたのでしょう。自然崇拝や感謝の気持ちは、地域に残るお祭や小さな風習の中にも形を変えて残っています。

「木守（きまもり）」という言葉があります。

柿の木を育てる農家には、収穫時にすべての実を取り尽くすのではなく、自然への感謝としてひとつだけ残しておくという風習があり、その残された柿を「木守」と呼ぶそうです。**ひとつ残った実は、鳥がつついてその種を運び、いつかまた別の**

地に柿の木を増やすかもしれません。それは、人間のためではなく、いわば自然や世の中へのお供えのようなもの。自分ではなく他者が得る利益につながるものなのです。

「おかげさまで」という心持ちも必要

余談ですが、茶の湯にも「木守」という茶碗があります。

わび茶を確立した千利休はある時、弟子を集めて自分が焼かせた茶碗を分け与えました。最後に残ったのが、なんの変哲もないシンプルな赤い楽焼(らくやき)の茶碗でした。もしかすると見た目のインパクトがそれほど大きくなかったため、弟子たちが選ばなかったのかもしれません。ひとつ残った茶碗を利休はことのほか愛し、「木守」と名づけて終生そばに置き、生涯最後の茶席でもこの茶碗を使ったと伝わります。

「木守」の例のように、**自然への感謝は他者との分かち合いの心に通じます**。

小さな島国で自然の恵みをいただき、感謝を捧げてきた私たちは、だからこそ「おかげさまで」という言葉に象徴される礼節を生むことができたのでしょう。そこからは、互いに思いやり、「お先にどうぞ」と譲り合う余裕も育まれました。

感謝することは、人間どうしが争わず、助け合いながら暮らしていくための最良の心得。人と人とが互いに思いやる心の根底には、自然の恵みに生かされていることへの感謝、他者への感謝があることを、忘れてはいけないと思うのです。

おさらい 3

自然と他者への感謝の気持ちが思いやる心を生む

4　心の内より「きれい好き」に

感じのいい人とは、他人への接し方だけで判断されるものではありません。いつも身だしなみをきちんとしている人、常に整理整頓をしている人は、周囲の人にもよい印象、よい影響を与えるものです。

住居や職場など自分を取り巻く環境は、ふだんの心持ちや考え方に対して大きな影響力を持っています。まずは、身のまわりを清浄に保つために、こまめな整理整頓と掃除を心がけましょう。**清潔で整った環境に身を置くことで、精神的に落ち着き、考え方もポジティブになり、また健康面や体型など自己管理もできるようになります。そんな行動は、周囲の人にもプラスの影響を与えます。**

掃除で心を整える

清掃の大切さを物語るひとつとして、禅宗の教えにある「一掃除二信心」という言葉をご紹介しましょう。

読んで字のごとく**「一番に掃除、次に信心」と説くものですが、決して信心を軽んじているわけではなく、掃除され清潔に整った環境があって初めて正しい信心も行える**という意味です。

忙しさにまぎれて、常に行き届いた掃除ができないという場合は、自宅にお客様を招きましょう。来客に心からくつろいでもらうために、ふだんは手を抜いているような場所もくまなく美しく整えるための絶好の機会になります。掃除の際は、相手の立場に立って、初めて見るような気持ちで自宅を見直してみると、それまで目につかなかった汚れや乱れが発見できることでしょう。

心の掃除はごまかせない

部屋の整理整頓や掃除と同時に、心の清浄も心がけたいものです。

戦国時代から安土桃山時代にかけて生きた茶人で、山上宗二（やまのうえのそうじ）という人がいます。千利休の弟子で、当時の茶道具や茶人としての心得について書き著した『山上宗二記』という本を残していますが、その中の、茶席の心構えをまとめたくだりに、「心の内よりきれい好き」という言葉が登場します。これは、心の中もすっきりときれいに整えておくという意味ですが、さらに深く読み取ると、茶席に招いた相手に対して、**自分の利益になることを期待する下心ややましい気持ちを持ってはならないという戒め**と受け取れます。

そうしたやましさは、必ずひとつの汚れとして相手にも伝わるもの。身のまわりを整え、さらに心の中に積もったちりをきれいに掃き清めることが、人と人との和やかな交わりにつながるに違いありません。

おさらい **4**

身も心も整える。

いつもきれいに

清浄に

基本の6つ

5 「ご縁」を大切にする

「ご縁」とは、人と人との結びつきです。

ご縁を大切にする人は、出会いや人づきあいを大切にする人。ご縁の重なりが自分自身を形成し、大きく成長させてくれます。すなわちご縁をつなげばつなぐほど、チャンスはめぐってくるとも言えるのではないでしょうか。いわば、ご縁は人脈の財産なのだと言えます。

人間は一人では生きていけません。さまざまな人の支えによって今の自分ができあがっています。

人間関係をつなぐご縁は、実はマナーや作法といったものと密接につながっているように思います。**ご縁に感謝し、人間関係を大切にする思いから、相手に「粗相がないよう」「無礼にならないよう」「不快な思いをさせないよう」という行動が生まれ、その結果できあがったのがマナーや作法**なのです。

人間関係を円滑にするマナーや作法

茶の湯では、さまざまな作法、ルールが決まっています。お茶に親しんだことのない方からすると、「茶碗はどっちに何度回すのか」といった細かい決まりに縛られた世界に見えるかもしれません。けれど皮肉なもので、そもそも茶の湯とは、室町時代の身分制度という厳格な決まりごとを超えて、個人と個人の心が直(じか)に交わるために、多くの作法や決まりごとをぎりぎりまでそぎ落としていった末にできあがったものなのです。

現代に生きる私たちにとって、作法やマナーというのは、人と人とのコミュニケーションを円滑にするためにあります。人間関係の誤解やトラブルを避けるための潤滑油として、マナーは存在するのではないでしょうか。

親は子の鏡

現在子育て中の私としては、親としてきちんとふるまう姿を子どもに見せなければばと常日頃心がけています。周囲とのコミュニケーションが上手に取れるようになってほしい、よい友だちができてほしい、先輩や先生にかわいがられてほしい、正しく良識ある大人に育ってほしい。親としてそう願うからです。

親は子の鏡です。幼い頃から親の姿を見て、人との関わり方や行儀、マナーなどを自然に身につけていくものです。

マナーとは窮屈なもの、堅苦しく人を縛るもの、という考え方は、むしろ誤解に満ちたもの。人と人とのご縁を大切にし、充実した関係に育てていくためにこそ、マナーを身につけ使いこなしていくものだと思います。

第3章では、ご縁を上手に生かしていくために、日常のさまざまなシーンで身につけたいふるまいやマナーを紹介しています。

おさらい **5**

ご縁とは、
人と人との結びつき。
ご縁をより生かすために
作法やマナーがある

6 「わが身」に置きかえる

基本の習慣1「相手の気持ちを慮る」の項で、自分本位ではなく他人本位の視点に立つことの大切さを述べました。

最後の6つめとなるここでは、一見これとは正反対と受け取られるかもしれない内容について述べていきたいと思います。

「人をもてなすには、まず自分をもてなす」ということです。

これにはふたつの意味があります。まずひとつめは、**何よりも自分が楽しむことが肝要、自分の機嫌は自分で取る**ということです。相手をもてなすことが目的ではありますが、その前に自分が妥協することなく準備を整え、満足できていることが大切という意味で、結果的にそれは相手にも伝わるはずだということです。

もうひとつは、相手の満足だけを考えていると、時として抜け落ちてしまうことがままあるという意味です。相手はあくまでも他人であり、どこまでやれば満足してもらえるかはわかりません。

その点、自分が満足できたかどうかは明白です。

できる限り妥協せず、ごまかさず、充分に満足できるところまで心配りができれば、それはまず自身の楽しさを生むことでしょう。そして、自分の満足感は素直に伝わり、相手を喜ばすことにつながるのです。

反対に、手を抜いたことや配慮に欠いた行為は、どこかで後悔を招くでしょう。人はごまかせても自分の心は決してごまかせないので、それもまた相手に伝わってしまうものです。

相手を思いやる基本は、相手の視点に立ち、どのように喜んでもらえるかを推し量るところから始まりますが、味覚の好みや五感までを正確に知ることは不可能です。とすれば、**自分が納得できるところまで、できる限り尽くす。この誠実さこそが、必ず相手との信頼関係を築いてくれる**のです。

自分が満足できるものでしか、人はもてなせない

私がお弟子さんによく話すのは、日頃から自分で点てたお茶を飲むことの大切さです。ふだんから自分のためにお茶を点てている人は、おいしい湯の沸き加減、お

茶の量などがちゃんとわかっている。だからいつでも人にもおいしいお茶が点てられるのです。

反対に、稽古場でしか点てない人は、人に差しあげるばかりなので、自分の点てたお茶がおいしいのかどうかわからない。自らがおいしいと思えないお茶では、人をもてなすことはできないのです。この、おいしいお茶で人を喜ばすことは、作法を正確に覚えることよりもずっと大切なことなのです。

「わが身に置きかえる」とは、まず自らが楽しみ、自分本位の満足を得ること。

他人本位であり、同時にまた自分本位である。

このふたつを表裏一体として、毎日の習慣とすれば、人間関係での迷いは少なくなり、悩みも改善されていくのではないでしょうか。

おさらい 6

自分本位も大事。
自らが楽しんでこそ
相手も楽しくなる

第2章

「感じのいい人」が心がけている、小さな習慣

——人間関係を円滑にする言葉とふるまい

上司とそりが合わない、人につい辛くあたってしまう、長いつきあいの友だちなのに最近しっくりこない、先輩や後輩との距離感がうまくつかめない——いまひとつ人間関係がすっきりしないと悩む時、自分がどこかで間違えたのか、そもそもなぜ相手との相性がいまひとつだったのか、と考え込んでしまっていませんか？

あるいは、新しい人間関係の輪に入った時、うまくなじむことができずに自分の居場所や存在感がつかみづらいと感じた時、自分のこれまでの発言や態度に対して、ふと戸惑いや疑問を抱いてしまうことはありませんか？

そんな時、まずは試してみてほしい言葉やふるまいがあります。

たとえば「どうぞお先に」という言葉や仕草。

たとえば「物をあつかう時には丁寧に」という心がけ。

子どもの頃に教えられたことばかり、と感じるかもしれませんが、ふり返ってみると、いつの間にかおろそかになっていることが多いのでは？

感じのいい人が心がけている小さな習慣には、第1章で学んだ**「慮る」「敬う」「感謝する」「心の内よりきれい好きに」「ご縁を大切に」「わが身に置きかえる」という**

6つの基本がベースに潜んでいます。

日常生活の中で、これらを意識して行動してみてはどうでしょう。そうすれば、おそらく自然に心地よいふるまいができてくるはず。そして、驚くほど周囲の反応が変わってくることに気づくことでしょう。

さて、先ほど例に挙げた「どうぞお先に」「物をあつかう時は丁寧に」。実はこれらの言葉やふるまいは、茶の湯の稽古を始める時に、最初に教わることがらです。日本人は、人としての正しく美しいふるまいや、周囲の人を思いやる心を育むことこそを大切にしてきました。人と人との関係を円滑に運ぶため、長い時間をかけて積み重ね、工夫を凝らしてできあがった知恵と工夫です。

これらは、今では茶道をはじめとする「道」と呼ばれる日本の伝統文化に、わずかに垣間見られるものとなってしまいました。あえて今、もう一度ふり返ってみたいと思います。

そんな知恵と工夫のエッセンスを日々の習慣として身につければ、人間関係の悩みがいつの間にか軽くなっていることに気づいていただけるでしょう。

日本人の生き方のヒントが詰まった「利休七ケ条」

人の輪の中にあって、派手ではないけれど涼やかな存在感を持ち、たしかな信頼を得ている「感じのいい人」。そんな人たちの日頃の習慣を見ていく前に、私の専門分野である茶の湯の世界から、「人生のヒント」とも呼ぶべき言葉をご紹介したいと思います。

それは「利休七ケ条」と呼ばれるもので、千利休が教えた茶の湯の要点を、後世の人たちの手で7つに整理したものと言われています。

もともとは、茶席で客を迎える時に気をつけるべきことを説いた内容ですが、ひとつひとつ日常生活の中でもたいそう理にかなった言葉です。私自身も生きていく上での「人づきあい」の心得として、いつも心にとどめ置きたいと思っています。

それでは、七ケ条と私なりの意訳をご紹介しましょう。

1　花は野の花のように ⬇ 繕（つくろ）わず自然な姿を心がけなさい

茶席に入れる花は、技巧を凝らしてわざとらしく飾ったりせず、野に咲いていたそのままの姿を移し替えなさい、という言葉ですが、これは、いつも自然にあるがままにふるまいなさいという意味でもあります。

茶の湯では「手なり」という言葉をとても大切にします。茶碗や茶道具をあつかう時にも、自然にすっと手を伸ばしたところにその物があるように、無理のないあるがままの所作が美しいとするのも、同じところを目指しています。

2 炭は湯のわくように⬇段取りをよくしなさい

茶席では、食事や菓子を出したあとにお茶を差し上げますが、その時にちょうど具合よくお湯が沸いているよう火加減を整えておきなさい、という言葉です。

これは「タイミング」のことを意味しています。日常生活を送る上で、さまざまな段取りをタイミングよく整え、常にベストな状態になるよう準備しておきなさい、という内容になります。

考えてみれば、人間が他の動物と一線を画した始まりは、火を使うという行為からでした。茶席というのは、炉に炭をおこして湯を沸かし、それを囲んで人が集うことが主体なので、人間の営みの原点を表しているとも言えるかもしれません。

3 夏は涼しく、
4 冬は暖かに ⬇ 心地よく過ごせるよう整えなさい

季節や気候にふさわしく、客が一番快適に過ごせるように支度を整え、その時にふさわしいもてなしをしなさいという言葉です。これは、必要な時に必要なものを用意し、必要なふるまいができること、そしてそれが過不足なく行えることの大切さを説いています。

ここにはまた、季節の花を入れたり、夏には打ち水をしたりガラスの器を使ったり、冬にはお饅頭を蒸して出したり、お茶が冷めにくい深い筒形の茶碗を使ったりと、現代の冷暖房に頼るだけではない心尽くしの工夫の大切さも読み取れます。

5 刻限は早めに ⬇ 先を読んで行動しなさい

常にタイミングを推し量り、早め早めに準備をしてお客様を迎えなさいという言葉です。客を迎える側の準備もそうですが、招かれた側もまた、少し早めを心がけます。たとえば、茶席の開始が正午だとしたら、その15~20分くらい前には到着し、身支度を整えて案内を待つといった具合です。

これは時刻のことばかりではありません。日本には昔から、季節を少し先取りする文化があります。この考え方は潔さにつながるものであり、人には潔さというのがとても大切な要素であると、私は考えます。

この言葉には、日常生活でも先を見て、先を読んで行動しなさいということも含まれていると言えます。

6 降らずとも雨用意 ⬇ 不測の事態に備えなさい

常に万端整えて、急な雨降りにも傘など備えておきなさいという意味ですが、これは、雨ばかりではなく、いついかなる不測の事態が起きたとしても、すぐに対処できるように用意を整えておきなさい、という言葉です。

日常生活にひきつけて考えれば、これは災害対策にまで広げて参考にすべき教えかもしれません。

7 相客に心をつけよ ⬇ 人間関係に最大限に気をつかいなさい

準備万端整えて、よい茶席が用意できたとしても、肝心の客が楽しんでいただけたか、がいちばん重要なポイントです。つまり、相性の悪いお客様どうしを相客に

してはならない、という教えです。

言い換えますと、人間関係が何よりも大事であり、そこに最大限気をつかいなさいということを意味しています。人とのご縁を大切にすることは、茶席はもとより、生きていく上で最も重要なことではないでしょうか。

私が茶席にお招きする時も、お客様どうしの関係や相性にはたいへん悩みます。招く側、招かれた側の全員が心を通わせ合い、その日を楽しむことができれば、まさにそれがお茶の醍醐（だいご）味だと感じます。

また、本当に自分が心を許している方を一人だけお招きし、一対一でほとんど言葉は交わすことがなくても、その場の空気、空間、所作だけで互いの気持ちを伝えられ心を通わせ合えたら、それは究極のもてなしではないか、などと夢のようなことを常々思っているのです。

このように、「利休七ケ条」とは、人と人とのつきあいをあらためて考えさせてくれる言葉であることに、お気づきいただけたでしょうか。それでは現代に置きかえて、日常生活のちょっとした心がけで心地よくなる習慣を考えていきましょう。

「どうぞお先に」の気持ちを言葉にする

ビジネスでもプライベートな場面でも、人の暮らしの中には必ず「順番」が出現します。たとえばエレベーターに乗り込む時、駅のプラットホームで電車を待っている時、複数で会話をしている中で発言する時、などなど。

こういう時、「われ先に」ではなく、順番を礼儀正しく待つのはもちろん基本ですが、もう少し余裕を持って、周囲の人を思いやる心を持ちたいものです。エレベーターに乗る時には先を譲る、乗り込んでくる人のために「開」のボタンを押す、降りる際にもボタンを押して「お先にどうぞ」とうながす……など。

ふだんの暮らしの中で「どうぞお先に」という気持ちを言葉や仕草で表現できたら、あなたの存在はきっと「落ち着いていてきちんとした人」に映るはずです。

譲ってもらったら「お先に失礼」を忘れずに

もちろん、譲ってばかりいるのも考えものです。どうぞ、どうぞと譲り合っている間に、他の人たちを待たせてしまい、かえって迷惑になることも。また、聞き役ばかりに徹していては、充実した会話を楽しんだことにはなりません。

時と場合によって**「お先に失礼します」とスマートにすっと前に出ることも、身につけておきたいふるまいです。小さな目礼でもいいでしょう。**

茶席では、茶室に入る前からお茶をいただくまで、何度も「お先にどうぞ」「お先に失礼いたします」といったやりとりを交わします。たとえば、お茶やお菓子をいただく時、隣に座る客に「お先に」と一言伝えてからいただきます。

さまざまなシーンで「お先に失礼します」「お先にいただきます」を心がけるうちに、いつのまにか周囲の人の気持ちや様子を俯瞰で見られるようになるはず。「お先に」の気持ちであらゆる場面をおろそかにせず、丁寧にふるまうことは、相手にもこちらの気づかいが伝わり、互いに心地よいものとなるのです。

おさらい1

「お先に」は相手への心配り

いつも「ありがとう」を伝える

道を歩いていて落とし物をしたとします。後ろを歩いていた人が拾って手渡してくれたとしたら、とっさに「ありがとうございます」とお礼を口にする人はどれくらいいるでしょうか？

助けてもらった時、お世話になった時、何かを教えてもらった時、むしろ「すみません」と言ってしまうほうが多いかもしれません。それはそれで、相手の労をねぎらい、時間を費やしてもらったことへの謝罪の気持ちを表しているという意味で、日本人らしい美徳かもしれません。

「ありがとう」という言葉をストレートに口にするのが、気恥ずかしいという気持ちもわからないでもありません。

ただ、だからこそ**ふだんのやりとりの中で「ありがとう」という感謝の気持ちを持ち、言葉として伝える**ことは大きな意味があると思うのです。親しい関係の相手や家族どうしだからこそ、「ありがとう」と口に出すことで、ある種新鮮な関係性を築き直せるということもあるのではないでしょうか。

「ありがとう」は相手の心配りへの返答

茶席でも、招いた客に対し、最大限のもてなしを準備してお迎えし、「ようこそお越しいただきました。ありがとうございます」と礼を述べます。逆に客側は、「本日はお招きいただき、ありがとうございます」と招待に対する感謝を述べ、自分のために用意された茶席のしつらいを五感を研ぎ澄ませて拝見します。そして、もてなしの真意を推し量り、時間をかけて支度をしてくれたことに対して、あらためて礼を伝えます。このように、主人と客が**互いに相手の心配りをたたえ合う**のです。

感謝の気持ちを言葉にして伝えること、これは、相手の心配りに対して、きちんとそれを受け取りましたという表明でもあるのです。

おさらい2

感謝の気持ちは「ありがとう」と言葉にして

「ごめんなさい」をためらわない

前項の「ありがとう」で触れたように、私たち日本人は感謝の言葉を口にする際に、しばしば「すみません」と言うことがあります。

「すみません」は本来謝罪の言葉なので、自分に落ち度がないのに謝るなんておかしい、と指摘されることもありますが、相手に迷惑をかけていないか、手間をとらせていないかと慎み深く思慮をめぐらせ、とっさに「すみません」と口にするのは、争いごとを好まない日本人の性質からすると自然な形かもしれません。

問題は、本当に謝らなくてはならない場面で、相手を思いやってきちんとした謝罪ができるかどうかということではないでしょうか。

謝罪は時間をおかずに

自分の失敗に気がついた時、その事態や影響が大きくなればなるほど動揺し、あわてふためくのは当然です。つい責任の所在をごまかしたくなるかもしれません。

しかしここで最も大切なのは、率直に、精一杯の誠意を持って謝罪するということです。しかも、できるだけ時間をおかずに。

仕事上での失敗などでは、謝罪の際の態度や言葉、その誠実さによっては、失敗を機に相手との信頼関係がより深まるということもままあること。**本気の謝罪こそ、ためらうことなく迅速に実行すべき**であると考えます。

大きな失敗に限らず、ちょっとした思い違いや言い間違い、勘違いなど、日常で起こる小さなミスも、気がついた時にすぐ「ごめんなさい」と言うことで大きな問題には発展しなくなるものです。

もちろん、「ごめんなさい」がすぐに口に出せるかどうかは、相手との関係やその場の空気、あるいは、ささやかな自分のプライドがじゃまをすることもあるかもしれません。だからこそ、必要な時に「ごめんなさい」をためらうことなく言える習慣を、日頃から身につけておきたいものです。

おさらい3

「ごめんなさい」は誠意を込めて迅速に

物を大切にあつかう

食事を共にすると、相手の性格や本質が見えてくることがあります。落ち着いていて、何ごとにも丁寧だなという印象を抱かせる人に共通しているのは、物を粗雑にあつかわないということです。

茶席では、亭主がその日のために時間をかけて準備した道具の数々を、客はしっかりと拝見します。その時、大事な道具を傷つけたり落としたりしないよう、慎重に丁寧にあつかいます。そこには**亭主への敬意も込められています**。客のこうしたふるまいは、逆に亭主側にも「自分の大切な器を預けるに値する相手だ」という信頼と安心感をもたらすことになるのです。

他人の所有物も丁寧に

食器を丁寧にあつかうという習慣は、飲食店など外で食事をする際にも同様です。他人の所有物であるからこそ、敬意をもって、さらに慎重にあつかう心を持ちたいものです。

もちろん食器だけではありません。たとえば椅子をひく際に大きな音を立てたり床をひきずったりするのは、まわりにも迷惑になり、見ていて無作法なふるまいです。特に大人数で入店した場合などは、周囲に対する配慮が怠りがちになることも多いのではないでしょうか。

物を大切にあつかうというのは、貴重品だけではなく、**すべての対象に対して丁寧に**という気持ちから始まると考えます。

図書館で借りた本、会社の備品、公園の遊具、駅のベンチ、鞄や服などの身につけるもの、などなど。日常生活で手に触れ利用する物に対して、自分の大事な物と同じような配慮をもって接する人の姿は、とても美しいと映ります。

おさらい4

物のあつかい方で生まれる信頼感

動作はゆっくりあわてずに

利休七ケ条の「花は野の花のように」でも述べましたが、お茶では「手なり」ということをとても大切にします。手なりとは、手が自然に伸びた形のことで、お茶を点てる時の動作として使われる言葉です。

説明が難しい言葉のひとつですが、持っている茶碗や柄杓がまるで手の延長であるかのように、違和感がない自然な動きや形を指すものです。

この、手なりという言葉は、日常生活におけるさまざまな動作にも応用できるのでは、と私は考えています。

肩肘を張らず、ゆったりとして伸びやかな流れに乗った無理のない自然な動きというものは、見ていて気持ちよく、効率もよく、何より美しい仕草に映ります。食卓で、仕事場で、街中で、相手に何かを差し出したり、荷物を持ち替えたり、財布を取り出したり……。

手なりの心をもって動けば、どんな動作においても落ち着いた自然な美しいふるまいにつながり、まわりの人たちにも心地よい気持ちを与えてくれます。

失敗しても落ち着いて対処を

また、美しいふるまいには「堂々としている」ということも重要な要素であると思います。人前で作法を間違ってしまったとしても、わざわざ間違ったことに気づかせるようなことはせず、ここは堂々と落ち着いてそのまま続ければよいのです。

仕事の場でも、急に予定が変わったりミスが見つかったりといった**不測の事態が起こったら、その場の空気を乱さぬよう、あわてず騒がず、堂々と落ち着いて対処することで、かえって周囲は信頼感を取り戻す**ことでしょう。落ち着いた美しいふるまいとは、周囲の人の安心や信頼感をも生み出してくれるものです。

おさらい5

堂々と落ち着いたふるまいを

相手に恥をかかせない

茶道に限らず、「道」と名のつく日本の伝統文化や芸術に対して、堅苦しい印象を抱いている人がいるかもしれません。作法や決まりごとにうるさいと敬遠されることもあるでしょう。

それはたぶん、その道独自の決まりごとや型があり、それを知らなかったり間違えたりして、厳しく指摘された経験、あるいは叱られるにちがいないという思い込みがあるからではないでしょうか。

そのような経験はどうか忘れ去り、思い込みは捨ててください。少なくとも私自身は、茶の湯とは、お互いが相手を尊重し、敬意を持って接する究極のコミュニケーションの場であり、相手に恥ずかしい思いをさせる場ではないと考えています。

居心地の悪い思いをさせないこと

仕事やプライベートで、意識的に、あるいは無意識のうちに相手に居心地の悪い思いをさせたり、恥をかかせたりする人を見かけることがあります。

たとえば、人前で不必要に叱責する、小さなミスをしつこく追及する、よく知らない人が混じっているのに仲間内の話を続ける、相手のコンプレックスをわざわざ指摘する、などなど。

こうしたふるまいは、相手に対する基本的な敬意が欠けているということです。

相手に**恥ずかしい思いをさせないための配慮は、人と人が円満なコミュニケーションを育む上で、最も基本となる心がけ**です。

また、自分や自分の属している社会の正義をふりかざし、相手を追い詰める行為も避けなければなりません。自分の正義が相手の正義とは限らないのです。

相手に恥をかかせない、居心地の悪い思いをさせない、自分の正義を押しつけない、というのは、人としていつも心がけておくべき配慮ではないでしょうか。

おさらい6

敬意を持って人と接する

話し上手より聞き上手

聞き上手な人が本当の会話上手、とはよく言われる言葉です。たしかに、自分のことばかり話し続ける人とは、あまり一緒にいたいとは思わないでしょう。

互いにかみ合わないまま会話を続けたり、知識や自慢をひけらかしたりするのも、結果的に不毛な時間となってしまいます。

やはり、会話とはキャッチボール。

互いに相手の話に耳を傾け、感想を言ったり内容についてさらに深く問い直したりし合うことで、円滑なコミュニケーションが形成されるのだと思います。

茶席では、客の中でメインの人（正客と呼ぶ）が、代表して質問を行います。その時、的確で本質に迫る質問をタイミングよく繰り出し、それに対する答えが得られれば、同席者はそれだけで亭主の心を知り、理解を深めていけるのです。

聞き上手の話で、よく思い出す人がいます。すでに80歳を超えた方でしたが、「人の話というのは、その人が長い年月をかけ、お金もたくさん使い、ようやく得た知見が詰まったもの。こちらは数分それを聞くだけで、まるまるタダで自分のものにできるのですから、これほどのお得なことはありません」とおっしゃったのです。その方の話しぶりも含め、なんとも愉快で説得力のある話でした。

相手の話をさえぎらない

要点をうまく話せない人や、話が横道にそれがちな人との会話もしばしばあること。気の短い人は早合点して「それはつまりこういうこと?」と途中で引き取りたがりますが、それは無作法であり、もったいないことです。まずは敬意を持って、相手の話をさえぎらずに最後まで聞き、その話の骨子をつかんで話題をつなげてみましょう。「あの人が交じっていると、なぜかいつも会話が楽しくはずみ、みなが満足できる」と周囲に思われるような、そんな質問力を身につけたいものです。

おさらい7

相手の話に興味を持ち、広げていく

背筋はぴんと

生まれもった容姿や外見によって人を評価することや美醜についてコメントすることは、ルッキズムという観点から、昨今は厳しく戒められています。しかし、ふるまいやたたずまいの、凜とした美しさというものは、どんな時代になっても、どんなに価値観が変動しようとも、まわりに心地よい影響を与えてくれる価値あるものとして大切にされ続けるのではないかと思います。

小さな習慣5にも書いたことですが、自然で無理のない動きや、落ち着いて丁寧なふるまいは、見ていて気持ちよく、文句なく美しいと感じさせてくれます。

食べものは口から迎えにいかない

それに加えて、正しい姿勢であることは、さらに美しいたたずまいの基本となるのではないでしょうか。

たとえば食事の席では、できれば背筋を伸ばして椅子に深く腰掛け、うつむきがちにならずに食べ進めたいもの。盃やコップで飲み物をいただく時も、口から迎えにいくのではなく、手で器を近づける。細かい食事のマナーについては第3章にてご説明しますが、大切なのは背筋が伸びているということです。

これは、歩く時、話す時、立ち止まる時など、すべての行動の基本になるものです。背を丸めれば、肩が前に巻き込まれ、自然と顎が上がり、歩みも遅くなります。不自然な動き、縮こまった姿に見えるでしょう。

何ごとも自然にしなやかに。**無理がなく無駄のない動きのためには、基本となる正しい姿勢を日頃から心がける**ことが大切なのではないかと思うのです。

おさらい8

凛とした姿を意識する

いつも身ぎれい

感じがいい人とは、ずばり「身ぎれいな人」とも言えるのではないでしょうか。どんな衣服を身につけるか、というのは、場所や目的、季節、気候、同行する人などによってある程度決まってくるものです。そのつど、自分の趣味や好みを反映させ自分らしさを表現することも、身だしなみを楽しむ一環でしょう。

身だしなみの基本としては、まずどんな時にも清潔を第一に考えたいものです。きちんとアイロンがかかったシャツや、よく磨かれた靴、もちろん爪や髪の手入れも怠りなくしたいもの。

身につけるものが高価なものでなくても、清潔でよく手入れされたものであれば、十分にきちんとした印象を与えることができるものです。

お茶を点てるには、まっさらな茶巾だけあればいい

さて、茶の湯に関連した古いお話をひとつご紹介しましょう。

ある時、千利休に、面識のない地方のお金持ちが大金を送りつけ、「茶道具一式を見繕って送ってほしい」と言ってよこしたことがありました。そこで利休がどうしたかというと、その大金をすべて使ってまっさらな麻布を購入し、送り返したのだそうです。利休の真意は、「お茶を点てるのに必要な道具とは、まっさらで清潔な茶巾（ちゃきん）（茶碗などを拭き清める麻布）だけあれば十分だ」というもの。

ことほどさように、**清潔であることは、折り目正しさ、美しさ、相手に対する心づかいなど、すべてに通じる要素**なのです。

実際に茶席でも、茶巾と茶筅（ちゃせん）（お茶を点てる竹製の道具。いずれも消耗品）だけは新品をおろして使うようにと教えられています。ここに求められる清潔さ、すなわち「きれい好き」こそ、ふだんの身だしなみにも応用したいものです。

おさらい9

身だしなみは清潔第一

小さな習慣10

片づけ上手、整理上手

暮らしの中でも、「きれい好き」を心がけたいものです。片づける、掃除する、整理整頓する。家やオフィス、デスクまわりがいつも整えられていれば、探し物も見つかり、あわてることも少なくなり、余裕を持って暮らすことができます。

私が修行先の比叡山延暦寺（ひえいざんえんりゃくじ）で習った教えに、「信は荘厳（しょうごん）より生ず」というものがあります。荘厳とは、仏様やお堂を清潔にし、お供え物をして美しく整え飾り立てること。そこには僧侶のたたずまいや衣の美しさ、清潔さ、さらに読経の声や所作の美しさも含まれます。それらがすべて美しく整い荘厳されることで、見ている人は難しい教えやお経はわからなくても、なんとなくありがたいという気持ちになり、自然と手を合わせたくなる。それが信心をすることの第一歩になる。ゆえに掃除や整理整頓、身だしなみは怠ってはならないというものです。

また、茶の湯の平点前（ひらでまえ）（基本の点前）では、湯だけ沸いた釜以外は何もない座敷に、一から道具を持ち出し、最も使いやすい位置に置き、茶を点て終えたら、最後にすべてを持ち帰って何も残しません。**必要なものを使いやすい位置に置き、使い終え**

たらもとの場所に戻すという、片づけの基本が自然な流れの中で行われます。

能に凝縮された引き算の美学

これは能楽の様式にも通じます。何もない舞台に囃子方（はやしかた）や地謡（じうたい）が現れ、作り物が運び込まれ、そして能の役者が現れて物語を演じ、演じ終えたら巻き戻しのようにすべてが舞台裏へと消えていきます。こうして夢幻のひとこまを観客に見せているのです。これぞ日本に伝わる引き算の美学です。

必要最小限の物を、あるべきところに収め、必要な時だけ使いやすく置き並べ、使い終わったら、もとの場所に戻す。これだけをきちんと守れば、整理整頓はごく簡単なことではないでしょうか。

おさらい10

使い終わったらもとの場所へ戻す習慣

自分のゴミは持ち帰る

できるかぎりゴミを出さないような暮らしを心がけたいとは思いますが、生きていく限りゴミの問題はつきまといます。

不法投棄やポイ捨ては言語道断ですが、自分が出したゴミは自分が責任を持って持ち帰るという気持ちを大切にしたいものです。

最近は、海外でのスポーツ観戦後にゴミを持ち帰り掃除をする姿がニュースになるなど、日本人の始末のよさは世界中から注目されています。他人のゴミも一緒に持ち帰る日本人の姿は、まさに「心の内よりきれい好き」を体現しているのではないでしょうか。つまり、**ゴミを持ち帰るというのは、責任を持って自分の始末をつけるという、心意気**です。

食べ汚した器もきれいに

茶席では、供された食事やお菓子をいただく際に出たゴミは、すべて客が各自で持ち帰ります。食事の最後には、食器についた汚れを懐紙（かいし）などで拭き取り、拭き取ったあとのゴミも持ち帰るのが原則です。まさに「立つ鳥跡を濁さず」。鳥が飛び立ったあとの水辺が清く澄んでいるように、人間も跡が見苦しくないよう始末よくさわやかにしたいものです。

ゴミを捨てず持ち帰るという習慣は、外出先や訪問先でのふるまい全般において、他人まかせにせず、自分の責任をまっとうするという姿勢にほかならないのです。

おさらい11

自分のゴミは自分で責任を持つ

「おはよう」「さようなら」。挨拶を忘れない

社会で生きていく上で、最初に習うマナーは「きちんと挨拶をしましょう」ではなかったでしょうか？　保育園や幼稚園で、あるいは家庭や近所の方から教えられてきたことかもしれません。

「おはようございます」「こんばんは」「さようなら」「おやすみなさい」など、大きな声で日常生活でのなんでもない挨拶の言葉を発する機会は、むしろ子どもの頃のほうが多かったかもしれません。成人すると、いつのまにか、はっきりと挨拶をすることが減っているのではないでしょうか。ましてや、立ち止まってお辞儀をしながらの礼や、帽子をとって姿勢を正して述べる挨拶などは、接客やビジネスの場に限られているかもしれません。

挨拶は人間関係をよくする気づかい

実は、挨拶というのは思っている以上に深い意味を持ち、それを口にすることは、相手にも自分にも気持ちのいい気づかいになるのではないかと私は考えます。

茶の湯では、知らない人が見ればびっくりするほど礼や挨拶をくり返します。茶室に入る時に礼、床の間の飾りを見る時にも礼、そして主客が出会って礼。礼と挨拶の連続です。

これは、もちろん**相手への敬意を表し合う意味もありますが、場面場面を仕切り直す**という意味も大きいのではないかと、私は思うのです。

姿勢を正し、人や物に正対し、丁寧に礼をする。この所作によってけじめをつけ、新しい場面へと展開する。節目節目で自分の心と姿勢を整え直し、次の瞬間に対して新鮮な気持ちで向き合っていくのです。

日常生活の中でも、丁寧にきちんと挨拶をすることを心がけたいものです。

おさらい12
毎日の挨拶を大切に

小さな習慣 13

暮らしに自然を取り入れる

気候変動などの影響で、季節をじっくりと味わうことが困難になっている現代です。とはいえ、せっかく四季の変化が豊かな日本という国に暮らしているのですから、自然の恩恵に感謝しながら、その醍醐味を味わいたいものです。

日々の暮らしの中で手軽に季節を楽しむためには、その時々の花を生け、旬の食材を味わうことも、季節を楽しむ有効な手段です。

そのほかにも、**年中行事というものを少し意識してみると、一年を通して節目節目をくっきりと感じる**ことができるかもしれません。知識や話題も自ずと豊富になり、暮らしや人づきあいもより豊かになっていくのではないでしょうか。

地域の人と密接に結びついた行事

年中行事とは、もともとは農耕に関する決まりごとから宮中で行われる行事や儀式へと派生したもので、たとえばお正月の祝いごとや節分、ひな祭、お彼岸、端午の節句、七夕、お盆、秋祭、煤払(すすはら)いといったものが代表的です。
奈良・京都ではお水取り(東大寺の修二会(しゅにえ))、山焼き、葵祭、祇園祭、五山の送り火など、各地の寺社における季節ごとの宗教行事も多く行われています。古いものでは千年以上前から形を変えずに続けられている日本の文化を象徴する行事もあります。

「暑さ寒さも彼岸まで」「お水取りが終わると春が来る」というように、多くは季節の変わり目や節目となるタイミングで行われ、かつては地域の人や家族と密接に結びついたものでした。人間関係が希薄になった現代だからこそ、まずは自分の住んでいる地元の行事を知り、四季折々を楽しんでみましょう。

季節を暮らしに取り入れ、五感や感性を磨くことで直感力も冴え、人間力が増してくるはずです。

おさらい13

季節や自然を楽しみ、感性を磨く

小さな習慣 14

言葉を大切にする

人は、言葉によって多くの情報を伝え合います。対面であっても手紙やメールの場合でも、言葉を選んで文章を作り、相手に意志を伝えるという作業を、私たちは日々続けています。

対面の場合は、言葉だけでなく表情や態度、声音（こわね）や話すスピードなど、多くの要素が加わって相手に情報として伝わりますが、それでも言葉の内容が何より大きな割合を占めることはまちがいありません。

言葉づかいは、その人の人格そのものを表すと言っても過言ではありません。行いに間違いがなかったとしても、乱暴な言葉づかいや不適切な発言は、周囲を困らせ戸惑わせる結果につながります。

公の場とプライベートでは言葉を使い分けたい

言葉は、相手との関係性によっても選び方が変わってきます。

ごく親しい間柄では、フランクな言葉づかいが親しさの表れとなりますが、そのやりとりを第三者の前でも続けてしまうと、「ずいぶん失礼な話し方をしている」「相手の立場を考えていない」など誤解を呼んでしまうかもしれません。相手の呼び方ひとつでも、時と場合によって使い分けるほうが好ましいと、私は思います。

幼い頃からよく知っている人から、子どもの頃の愛称で呼びかけられるのは、プライベートな場面ではうれしいものです。けれど、公の場で互いの立場を考えず、同じ呼び方をするのは、その場の空気を乱してしまうことにもつながります。

誰と、どこで、どんな話をするのか。そこに第三者はいるのか。

そうした要素を考えながら、**その場にふさわしい言葉を使うことができることが、言葉を大切にするということ**だと思います。

おさらい14
その場にふさわしい言葉選びも思いやり

場の雰囲気を和ませる

背筋が伸びて落ち着いた大人であることは、社会的にも、親しい仲間内でも、一目置かれることにつながります。ただ、それだけではやや味気ないかもしれません。特に自分よりも年下の相手や、何か頼みごとをされた時などは、相手の緊張をほぐすような言葉がけやおおらかな態度を心がけたいものです。

場を和ませる方法として、軽い冗談などを言う人も多いのですが、ここで気をつけたいのは、その場の誰かをからかったりおとしめたりするようなブラックジョークであってはならないということです。かつてはそのようなからかいが親しみの表れと受け取られる場もあったでしょうが、現在ではそれはハラスメントであり、当事者を傷つける可能性もあることを覚えておきましょう。

ユーモアは相手を下げることではない

冗談を口にするのであれば、それは自分自身がおどけてみせて周囲や相手の気持ちをほぐすものであるほうが望ましい、と私は考えます。

大切なのは、その場にいる人すべてが明るい気持ちになることです。そのためにいつも心がけたいのは、相手の社会的地位や肩書き、年齢、性別などによって態度を変えず、笑顔で接し、決して見下すような態度は取らないこと。日本の伝統文化の世界がうるさい、厳しいと思われがちなのは、もしかしたら笑顔やおおらかさを忘れてしまっている部分もあるのかもしれません。

真摯(しんし)に向き合いながらも、肩の力を抜いて相手を気づかう心を忘れなければ、円滑な人間関係を築いていけるものと信じます。

おさらい15

おおらかに、笑顔で場を和ませる

気働きができる

「気働き」という言葉を耳にしたことがあるでしょうか。

これは、気が利くとか、場に応じて機転が利くといった意味で、ひと昔前には新入社員などに対して「気働きができるようになりなさい」といった叱咤激励の意味で使われていました。

気働きができるためには、まず周囲の望んでいること、現在進行中の事態の中で何が必要とされているかを察知することが第一です。それには、たとえば仕事の内容や役割分担を熟知していること、これから起こるであろう出来事を予測する力などが求められます。それができれば、あとはスマートに行動すればいいだけです。

察知する力をつける

とはいえ、誰もがそのような実力を最初から持っているわけではなく、組織やグループの中で、だんだんにそうした力をつけるべく努力を重ねていきます。

大切なのは、今何が求められているかを知ろうとする姿勢です。先輩や上司の話や行動を注意深く観察していれば、模範となる存在は必ず見えてくるはず。それを参考に、自分も同じように動けるようにと心がけていけばよいのです。

茶席では、食事の器を最後に客側でとりまとめ、亭主の出入口近くに置いておくという作法があります。また、作法としては決まっていないのですが、食事の途中にも空いた皿鉢を下げやすいよう、手早くまとめてくださるお客様がいらっしゃると、とても助かることがあります。それが気働きです。

こうした気づかい、気働きをしてくださると、亭主の側は、とても報われたうれしい気持ちになるものです。気働きは、まさに相手を慮る気持ちの表れと言えるでしょう。

おさらい16

気働きは、相手の心を察することから

自慢はしないが、謙遜もしすぎない

これまでに挙げてきた習慣の多くは、どちらかというと相手や周囲への配慮や心づかいに重きを置いたものでした。ですが、まわりに気をつかいすぎたり空気を読みすぎたりすることで、疲れてしまったり、自分を殺すことが習慣になってしまったりしては本末転倒です。時には自分本位も必要です。

常に謙虚でいることは大切ですが、そのためにはまず、自分に自信を持たなくては始まりません。自信を持つことと自慢することとは大きく違います。自己に対して自信があるからこそ、譲るべき一線がはっきりと見えてくるものですし、いざという時には毅然（きぜん）とした態度に出られるのです。

おごりや執着は、悪でもあり必要でもある

室町時代中頃、茶の湯を「わび茶」として打ち出した始祖・珠光（しゅこう）の手になる一通の手紙が伝わっています。それは、珠光が弟子に宛てて送った「心の師の文」と呼

ばれる文章で、その中で「茶の道において最もよくないのは、我慢我執（根拠のない慢心やおごり、執着）である」と説いています。

ところが、その文の最後には、「そうした悪しき我慢我執もまた、なくてはならない」と結んでいるのです。これは、自分に対する絶対的な自信がなければ、この道は成り立たない、という意味の、たいへん深い内容を持つ逆説であると私は考えています。

お茶を点てて人をもてなす時、まずは自分に自信がないことには、おいしいお茶は差し上げられません。また、自分が満足することが大前提でもあります。

謙虚すぎず、同時におごりたかぶることもしない、これこそが人の道ではないでしょうか。

おさらい17

自分に自信を持ちつつ、謙虚であれ

第3章

「感じのいい人」から「一目置かれる人」へ

――さっと動けるようになる、シーン別マナーとふるまい

第1章、第2章で、「感じのいい人」になるための基本的な心がけや日頃の習慣、ふるまい方について述べてきました。

これらの基本がいつもできていれば、人と接する時の態度や行動に迷うことはありません。

とはいっても、日常生活を送る中では、さまざまな「特別な場面」に遭遇するものです。たとえばお世話になっている人の家に招かれた時や、誰かにお祝いをいただいた時、少し緊張する相手との会食の時など。

あるいはビジネスの場でも、仕事の効率だけではなく相手先に失礼にならないようにとの気づかいから、多くの決まりごとがあります。冠婚葬祭と呼ばれる人生の大切な局面も、その代表格です。

マナーを軽んじて「失礼な人」に陥ることも

そういった場面で、昔から受け継がれてきた決まりごとや作法を、一般的に「マナー」と呼びます。マナーを軽んじることは、時に「失礼な人」と受け取られることも少なくありません。**マナーには、地域や家ごとで異なることもあり、時代によっ**

て変化していくものも多くありますが、いずれも根本は、その場に同席する人どうしが、気持ちよく過ごせるようにと考えられたもの。「相手も心地よいか（思いやり）」「相手に失礼なことはないか（敬意）」「感謝の気持ちで接しているか」「せっかくのご縁を大事にしているか」「品よく接しているか（きれい好き）」「わが身に置きかえたらどうか」などの延長線上にあるものです。

そんなマナーの存在を知っていれば、どんな時にもあわてず迷わず、堂々とふるまうことができます。すべてを覚える必要はありません。「なぜそうするのが正解なのか」という理由を知っていれば、自分なりの応用もききます。

それでは、日常の各シーン別に心得たいふるまい方やマナーを紹介していきましょう。

訪問編

２０２０年頃から始まったコロナ禍の影響もあり、昨今は家を訪ね合うという習慣は失われつつあるようです。ごく親しい間柄や親戚どうしの行き来ではなく、威儀を正したご挨拶やあらたまったお礼などで人と会う場合も、ホテルや飲食店を利用するケースが多くなっています。

そんな時代だからこそ、自宅に客を迎えることは、双方にとって特別な時間になるはずです。招かれた側はもちろん招く側もまた、互いに大きな喜びや発見、深い心の通い合いを経験することができるのです。

かつて、客を迎えるのは、家の中でのハレの場である表座敷でした。ふだんは使わない座敷をその時だけ開け放ち、家族にとってもハレの時間を過ごしたのです。**子どもたちはきちんとした装いに着替え、正座してご挨拶することを覚え、接客の手伝いを通して大人に対する接し方や話し方を身につけました。**

客と食事を共にする食卓は、緊張感を持ちつつ正しい作法を見て学ぶ場ともなり、家庭内でのマナー教育が自然とできていったのです。
マナーを知らなくて恥ずかしい思いをすることも、相手を不愉快にさせてしまうこともあるでしょう。だからこそ、そつない行動力を身につけて、大事な機会に集った人びと全員が快適で楽しい時間となるよう礼を尽くしたいものです。

訪ねる側

◆到着時間は、こまめに連絡する

招かれた側として、まず気をつけたいのは、到着のタイミングです。あらかじめお伺いする時刻を約束しておくのはもちろんですが、当日は早めがいいのか、遅めがいいのか、時間ぴったりなのか、悩ましいところです。いずれにしろ、時間に余裕を持って出発するのは当然です。

個人宅の場合、**訪問先では何かと準備に忙しいことを考慮し、約束の時間よりも早く到着してしまうのは控えたいもの。約束時間の2、3分後ぐらいに到着するよう見計らうとよいと言われています**が、現代はスマートフォンやメッセンジャーアプリといった便利な通信手段があるので、最寄り駅に到着した段階でまず知らせるなど、状況を連絡しておくことが、相手にとっても好都合ではないかと思います。それを受けて、迎える側ではお茶や食事の支度を整え、最後の点検にとりかかることができます。

招待を受けてから訪問するまでに日数が空いた場合は、前日に「明日はお約束通りお伺いします」というメールを送っておくと、相手方は安心でしょう。

◆茶席では、打ち水が迎える側の準備ができた合図

ちなみに正式な茶会では、15~20分前に到着するといいとされています。亭主は準備が整ったら玄関先に打ち水をし、門扉を少し開けておきます。こうすることで**「いつでもどうぞ」の合図**とします。迎える側、訪れる側双方にとって、わかりやすい合理的なシステムと言えるかもしれません。

ビジネスシーンでは遅くとも約束時間の5分前には現地に到着しておきたいものですが、それについてはビジネス編で後述します。

◆失礼のないよう、コートは玄関の前で脱ぐ

家の前に到着したら、コートは脱いで手に持ち、帽子や手袋は取り、傘なども畳んでからインターフォンを押します。反対に、汗ばむ陽気でジャケットなどを脱いで歩いてきた場合には、玄関前でいったん羽織るなど、訪問先の相手と対面する前に、失礼のないよう敬意を持って今一度身支度を整えたいものです。

そうすることで、玄関に招き入れられたあとにもスマートに行動できます。

とはいえ、極寒の地や酷暑の夏、大雨の時などに、決められたことだからとマナーにとらわれすぎるのは、むしろ違和感があります。そこは臨機応変に、常識的な判断を優先すればよいと思います。

上司や目上の方の自宅などに招かれた場合は、スマートフォンがマナーモードになっていることを確認しておくことも、現代における心がけでしょう。

◆相手にお尻を向けない。靴は前を向いたまま脱ぐ

玄関に入り、「お上がりください」と促されたら靴を脱ぎます。

その時、前を向いたまま脱いで上がり、相手になるべくお尻を向けないようにか

がみこんで、靴の向きを変えます。

玄関を上がる時からお尻を向ける人をよく見かけますが、お尻を向けることは相手や家に対して失礼な態度であり、敬意を欠いた横着なふるまいに見られます。靴を揃え直す際には玄関の中央を避け、続いて上がる人のじゃまにならないよう端に寄せましょう。

①前を向いたまま靴を脱ぐ。

②振り向いて靴の向きを変える。

◆裸足で他人の家に上がらない。バッグに靴下をしのばせて

人間の足の裏というのは、思っている以上に汚れているものです。汗や脂はもちろん、サンダル履きなどで外を歩いた場合は、埃（ほこり）や細かな砂なども付着していることがあります。一日履いていた靴下を見れば明白でしょう。

そんな状態で他人の家に上がることは、足裏の脂や汚れで廊下や床、畳を汚してしまうということ。裸足で他人の家に上がることは絶対に慎みましょう。これは、思いやりのマナーの第一歩として覚えておきたいことです。

盛夏などでサンダル履きだった場合は、あらかじめ靴下を持参し、玄関先で身につけます。スリッパをすすめられたら、靴下を着用してから履くようにしましょう。

茶席に招かれた場合、客は茶室に入る前に足袋を履き替えます。これは、**道中の汚れを持ち込まないという配慮を表すもので、これもまた、招いてくださった相手先への心づかい**なのです。

◆客間の上座は、入口からいちばん奥

かつては、家の中のいちばん日当たりのよい場所に、客を迎えるためだけの表座敷や応接間がありましたが、現代ではおそらくリビングルームとして使われているのではないでしょうか。

客として招かれ、リビングや座敷に通された時、どこに座るのがふさわしいのかを心得ていることは、大切なことです。

まず、**どんな部屋であっても入口からいちばん遠い奥が上座、手前側が下座ということを、基本形として覚えておきましょう。**和室であれば床の間の前が上座となります。これは、茶菓子などを運んで出入りする際にじゃまにならないという、実

質的な理由もあります。ちなみに、床の間とは掛軸や花を飾るための特別な空間です。腰かけたり、荷物を置いたりする行為はもってのほかです。

◆リビングでは2～3人掛けソファが上座

上座に座るか下座に座るかは、訪問先の方との関係性によって決まってきます。基本は「上座に客」ですが、「こちらにお座りください」と案内されたら素直にしたがうのもひとつの正解です。ただ、頼みごとをする場合やお礼で伺う場合、上司や先輩の家に挨拶に行く場合は、自ら下座に座るほうが自然でしょう。

洋間では、長椅子（ソファ）が上座になり、1人掛けの椅子は格としてはその下になります。**会社の応接間などに通された際には、来客は長椅子、と覚えておく**と迷わずにすみます。

◆客間のしつらえを鑑賞するのも礼儀のひとつ

座敷に通された場合は、まず心を静めて床の間の掛け軸や花を拝見しましょう。洋間であれば、飾られた花や絵、置物といったその家のしつらえを見て、どのような趣味で用意してくださったのかを読み取りましょう。

突然の訪問でないかぎり、招いた側としては、ささやかであっても客を歓迎する気持ちを込めて整えているはず。**客間のしつらえを鑑賞し、それについての感想や感謝を述べるのは、客としての心配り**ではないかと思うのです。

用意したしつらえについて話題にされるのは、招いた側にとってもうれしいこと。詮索されたくない物、言及されたくない物は、わざわざ客間には置かないはずなので、よく気づいてくださったと話題のきっかけにもなり、円滑なコミュニケーションを図る助けにもなるでしょう。

これは、茶席での作法のひとつでもあり、人と人との関係を和やかにしてくれる、知恵や工夫のかたちではないかと思っています。

◆和室でのふるまい。襖の開け閉めは座ってから

生まれ育った家に和室がなかったという人も増えてきました。訪ねた家で和室に通されたら、どうふるまってよいのか戸惑うことが多いのではないでしょうか。そんな時、スマートに動くことができたら、一目置かれることは間違いありません。

まず基本として、**和室は立ったまま出入りしません。必ず座って襖や障子を開け、座ったままにじって入るのが本来の作法**なのです。

襖障子の開け閉めの作法は、流儀によっていろいろありますが、これでなければ不正解というものではありません。手の動きが不自然でなく、大きな音を立てないように丁寧に開け閉めすれば、間違いはありません。その際、紙の部分には触れず、引き手や縁に手をかけるようにあつかいます。

①座ってから、襖を開ける。

②座ったまま部屋ににじり入ってから立ち上がる。

◆畳の縁（へり）は踏まない

和室では、畳の縁は踏まないよう心がけましょう。理由のひとつに、畳の縁はそこに座る人の位を示す指標であったといういきさつから、縁を踏むことは、その家の格式をおろそかにする行為だと受け取られた歴史があります。

また、豪華な錦などを使った縁は、畳替えの時も使い続ける場合があり、**傷みやすい畳の縁はなるべく踏まないよう配慮したい**ものです。敷居や畳の縁を踏まずスマートに歩く姿は、配慮の行き届いた美しい姿に映るはずです。

◆すすめられるまでは座布団に座らない

和室の客間には、すでに座布団が置いてある場合が多いでしょう。すすめられたら素直にその上に座るのが、気持ちのよいふるまいであると私は思います。

ただ、あらたまった挨拶の場合や謝罪の訪問ならば、座布団ははずして座り、主人が席に着くまで待ちたいもの。「どうぞ座布団をお使いください」とすすめられたら、座布団を使ってかまいません。

会話の途中で口上を述べる、お願いごとをするなど、ここぞという時にはいったん座布団をはずして畳に座り直します。するとあらたまった空気になり、自分の熱意が相手に伝わりやすくなります。座布団を使わないことで、相手への敬意を示す行為となるからです。また座布団は足で踏まないようにしましょう。

◆帰る時はグラスやお皿はまとめておく

楽しい歓談や食事が終わり、おいとまする時間が近づいてきました。客間をあとにする際には、少しだけ片づけの手伝いをしておきたいものです。

第2章で触れたように、他人の物も自分の物も大切にあつかうことが基本です。

訪問先では特に、出された器やカトラリーを丁寧にあつかいたいもの。**おいとまする際には、出された食器はテーブルの隅などにまとめておきます。**

器によっては重ねてしまうと傷がつくことや色が変わってしまうこともあるので、むやみに重ねず、とりまとめておくだけにしましょう。

ごく親しい間柄ならば、片づけや洗い物を申し出るのもよいでしょう。

そうした心づかいが相手の負担を減らすことにつながり、歓待への感謝の気持ちを伝えることもできるのです。

◆必要以上に長居はしない

話がはずみ、食事が進んだからといって、予定時間を延長してずるずると居続けることははばかられます。相手を思いやってほどよいタイミングでおいとまするのが、長く心地よい交流を続けていける秘訣でもあります。

お茶だけなら1〜2時間、食事の場合はデザートや水菓子が出てから30分程度でおいとまする旨を告げたいもの。もう少し話していたいというくらいで切りあげるのが、次の機会にもつながるものです。

◆歓待へのお礼は、2～3日中に手紙やメールで

自宅に客を招くにあたって、掃除やしつらえ、お茶菓子の用意など、それなりに時間をかけて準備を整えてくれたはず。それに対する感謝の気持ちを言葉にして送りましょう。

必ずしも手紙でなくてもかまいません。メールや短いメッセージでもいいので、必ず2～3日中に伝えることが大切です。

その時には、おいしかった物、楽しかった話題、美しかった絵など、**心に残ったことを何かひとつでも具体的に挙げると、相手はとても喜ばれるはず**です。

訪問という機会を通して主客が心を通わせるのは、共に過ごした時間だけではありません。招待を受けてから始まり、訪問、そして、お礼を述べるまで続きます。この数日間、互いに相手のことを思いやり気づかい合うことで、親しさが増し、心に残る交流が重ねていけるのです。

招く側

◆集まりの趣旨、食事の予定、同席者の情報はさりげなく

茶の湯を例に取ると、茶席に客を招く際には、その会の趣旨を伝えておくことがふつうです。たとえば、還暦や結婚報告などの人生の節目に開く会、雪月花といった当季の季節を味わう会、あるいは貴重な茶道具を披露する会など。

自宅に客を招く場合は、それがどういった意図を持っているのか、ほかにどんな人が招かれているのか、食事は出すのか、出すとしたらどんな内容か、だいたいの終了時間の目安などを、あらかじめ伝えておくと相手も助かるでしょう。

そうすれば、招かれた側が手土産を選ぶ際の参考にもなり、同席者との会話に備えて話題を考えておくこともできます。

予定調和ではつまらないのですが、**さりげない事前情報によって、人と人との出会いに思いがけない化学反応が起こるかも**しれません。

◆まずは掃除から

自宅に客を招く時の基本中の基本、それは掃除です。

客間や玄関、洗面所、トイレなど、来客時に使用される場所をいつもより念入りに片づけ掃除するのはもちろんのこと、家族しか立ち入らないはずの場所も、いつ誰に見られてもかまわないように清潔に整えておきたいものです。

重要なのは、**いったん来客の目になって家じゅうを見直すということ**です。毎日見慣れた家の内外は、あたりまえのこととして見逃しがちです。玄関の隅に家族の靴が並んでいたり、鍵や傘といった外出用の持ち物が置かれていたり。トイレも使うでしょうし、来訪時に手を洗う場合もあることから、洗面所の家族の私物なども見えない場所にしまってきれいなタオルを用意しておくとよいでしょう。

とはいえ、モデルハウスのように生活臭をすべて取り去ることは不可能ですし、むしろそれでは味気ないとも思います。

大切なのは、お客様が気持ちよく過ごせるよう整えるという意識が、家の隅々まで行き届いているかどうかだと思うのです。そうしたもてなしの意識は、必ず場の空気として伝わるはずです。

◆客を招くことは、自宅をきれいにするよい機会

あまり掃除の大切さを強調すると、それがめんどうだから客を招きたくない、という人も出てくるかもしれません。ですが、**発想を逆転すると、客を招くのを機に、大掃除ができる**と考えてはいかがでしょうか。ふだんからいつも隅々まで美しく整えていることはたいへんです。私の自宅も幼い子どもがいるので、ふだんは片づけが追いつかないほど散らかっていますが、来客があるとなると、リセットをするつもりで一気に片づけて掃除をします。すると、自分たちもまたしばらく気持ちよく過ごすことができるのです。

◆客を思いながら、しつらえを整える

来客前の整理整頓と掃除がすんだら、部屋の片隅に季節の花や思い出の品を飾ってみてはいかがでしょう。**茶席では、床の間の花や掛け軸は、客に対する歓迎の気持ちを表します。**できれば来客のことを思いながら、共通の思い出にまつわる物や縁の深い絵などを選んで飾ると、さらに気持ちが伝わるはずです。そこから会話が生まれ、互いのより深い理解につながるかもしれません。今日この日限りのご縁と

時間と空間を楽しむという「一期一会(いちごいちえ)」の意識がとても大切です。

◆季節の花でワンランクアップのお迎え

洋の東西を問わず、花を飾って客を迎えるというのは古くから行われている美しい風習です。中でも、客に対して「今日この日のために用意をした」という気持ちが伝わるのは、季節の花ではないかと思うのです。

今は季節を問わず一年中多くの花を手に入れることができますが、それでもこの時期ならではの植物を選ぶ理由は、花が生き物であり、いずれは枯れて朽ちる物だからこそです。その季節に最も美しい状態の花を生けるのは、時間の移ろいを感じさせ、その日その時に客を迎える喜びをストレートに表現できるのです。

茶菓の支度などでしばらく部屋を空ける時もあります。そんな時に、**心づくしの花が自分の代わりに接待をしてくれると願って、花を選びたい**と思うのです。

◆相手が喜ぶ顔を想像しながら、もてなしを考える

来客時に供する飲み物やお菓子は、どんな物でも手配しやすい現代だからこそ悩ましい問題です。基本は1点。来てくださる方の喜ぶ顔を思い浮かべながら選ぶと

いうことです。何も豪華である必要はありません。共通の嗜好や趣味があれば、それにまつわる土地のお菓子やいわれのあるお茶やお酒などを用意します。それをきっかけに話がはずみ、よい時間が生まれることでしょう。

◆おもたせのお菓子も、場合によっては出してよい

時間がない時やごく親しい関係の相手なら、ペットボトルのお茶を出しても、私は必ずしもNGではないと思います。ですが、暑い時なら氷を入れたグラスを添えるとか、寒い季節なら温めてから出すとか、**できる範囲でかまわないので、わざわざ来てくれる相手を思って、ひと手間を惜しまないことが大切**です。

相手との親しさにもよりますが、用意した茶菓子も出し終わり、滞在が長くなった時などに、来客の手土産を開けて共にいただく場合もあります。通常、おもたせはその場では食べないものですが、「このお菓子を一緒に食べたいと思って買ってきました」と渡された場合は、ぜひともその気持ちに応えたいものです。

◆来客が快適に過ごせる気配りを

客が到着したら、その後の時間を快適に過ごせるよう、玄関で大きな荷物やコー

ト、マフラーなどを預かります。**雨天時には人数分のタオルを用意し、濡れた肩や背中などを拭いてから客間にお通しすると、さっぱりとしていただけます。**もしも人手があれば、靴についた雨や泥を軽くぬぐっておくと、たいそう喜ばれることでしょう。汗をかく季節には、部屋をあらかじめ強めの冷房で冷やしておき、冷たいおしぼりを渡すなどの配慮も必要です。

また、**家族全員が来客に対して挨拶をすることで、一家をあげてお迎えしているという気持ちが伝わり、気持ちよく過ごしていただける**ことでしょう。

◆見送りは玄関の外まで

おいとまの時刻がやってきて客が帰る時には、先に立ってはいけません。身支度をする間に立って待っていられては、帰りを急かされている気分になります。どんなに楽しい時間を過ごしても、最後の印象が悪ければ、全体が味気なく感じてしまうもの。最後まで、気を抜かずにお見送りしましょう。玄関先ではなく、**門扉の外までお送りし、できれば角を曲がるまで、マンションなら1階エントランスまで見届けるのが丁寧です。**

COLUMN

茶の湯に学ぶ気の利いたふるまい

茶会に招かれたら……

茶会に招かれることは、そうしばしば経験できることではありません。

一般の訪問とは違ういくつかの作法がありますが、基本を押さえておけば心配は無用です。

巻紙の案内状が届いたら

茶会には、大人数の人が参加する「大寄せ茶会」や、少人数が集い懐石を供す正式の「茶事」があります。メールや電話、葉書などの申し込みで気軽に参加できる大寄せ茶会とちがい、茶事はまずお招きする方から巻紙に筆文字でしたためた案内状が届きます。それに対して、受けた側も封書で早めに返事を出します。ちなみに昔は茶事の1〜2日前には事前に訪問し、招待者にお礼を述べ、当日伺いますと重ねて返事をするのが正式でした。

洋服でも大丈夫

茶会にはきものでしか参加できないわけではありません。男性ならスーツ、女性なら華美にならない程度のドレスやスーツといったきちんとした装いなら問題ありません。ただし、道具を傷つけないようネックレスや指輪、時計などの貴金属類はつけず、香水も控えてください。

さらに靴下か足袋を持参し、茶室に入る前に履き替えましょう。一般には清潔感が伝わる白色の靴下か足袋が無難です。手荷物はひとまとめにして預けられるよう風呂敷や大きめの袋を持参します。

懐紙と扇子は忘れずに

最低限の持ち物としては、扇子と懐紙が挙げられます。扇子は、茶室に入る時、道具を拝見する時、亭主に挨拶をする時などに必要なもの。閉じたまま自分の前に置くことで、自分と相手、自分と道具との区切りとなる「結界（けっかい）」を作り、敬意を示すことになります。

懐紙は、お菓子を取り回す時やお茶を飲む時、茶碗や器の汚れをぬぐう時などに使います。

水屋見舞（みずやみまい）の渡し方

会費やご祝儀とは別に、茶会の裏方で働いている方々へのねぎらいとして、「水屋見舞」としてお菓子や金封を渡すことがあります。金封の渡し方は、お菓子などの箱を台にしてその上に載せて一緒に渡したり、台がない場合は、広げた扇子を台にして金封を載せたりします。

ビジネス編

人は、仕事や学校、地域とのつきあいなどで見せるオフィシャルな面と、家族や親しい友人たちにだけ見せるプライベートな面を持っています。

大人としての信頼をより強く要求されるのは、オフィシャルな場面、中でもビジネスの場ではないでしょうか。ビジネスにおいて「感じのいい人」「一目置かれる人」とは、信頼のおける人を意味します。

社会の中で一人前の人間として信頼を得るためには、相手に対して失礼にならないふるまいやマナーを身につけることが求められます。会議や交渉の場でのふるまい方次第で、相手先に与える印象を左右し、業績にまで影響が及ぶこともままあるのです。

◆ビジネスでは、まず自分の立ち位置を把握する

ビジネスにおけるルールやマナー、しきたりは、業種や職種ごとに無数に存在します。ここでは、「これだけは心得ておきたい」本質について紹介したいと思います。

基本はまず、自分が社会人としてどんな立場にあるかを正しく把握しておくことです。それは肩書きなどを意味するのではなく、相手や状況によって変わる上下関係のようなものとご理解ください。

たとえば、取引先の人と会食の席に着いた時、自分がどの席に座るのが正解なのかは、会社どうしの関係、社内での役職や役割、会食の目的、そして年齢などによって決まってきます。それが接待であるなら、失礼がないよう接待される側の社員が上座につくべきですし、まったく対等の立場ならば役職順、年齢順などで決まってくるでしょう。

このように、**その場その時に自分がどういった立場で相手先に対応するのかを即座に判断し、さっと動ける行動力を身につけていることが大切です。**

◆互いにリスペクトを忘れない

プライベートな場面とちがって、ビジネスシーンでの人間関係にはほぼ常に上下関係が発生します。上司と部下、先輩後輩、元請けと下請け、発注先と受注先といった具合です。

自分と相手との上下関係を正しく把握することが基本、と前項では述べましたが、その根底にあるのは、仕事上の相手に対する敬意です。仮に下請けとの会議であっても、年下の部下に対する指示であっても、互いにリスペクトし合う関係が望ましい、と私は考えます。

相手の意見や考えも聞かず、常に見下した態度で有無を言わさず命令するようなふるまいは、相手からの信頼を得られず、ビジネス効率も悪いという結果になりかねません。現代では、もしかするとパワーハラスメントとして問題になるかもしれません。

互いの立場はしっかりと理解しつつ、同時に敬意を払い合う関係を築けること、これがビジネスにおけるマナーの基本だと、私は考えます。

◆相手を立てつつ、譲れない線を保つ

ビジネスの場では、さまざまな圧力を感じる機会も多いことでしょう。職種や職場によっては、交渉や説得といったタフなやりとりが、日常的に行われています。時として度を超えたと感じるような威圧や、理不尽な命令、道理に合わない横やりが入ることも経験するかもしれません。

そんな中で、正常な判断力を失わないためには、自分本位で「これ以上は譲れな

い」という線をしっかりと持っていることが大切です。その線をどのあたりに置けばいいのかはたいへん難しい問題ですが、高すぎるプライドを保つためではなく、**人としての誇りを失わない線を模索してみましょう。**

◆先を読んで行動。到着は予定の5分前

個人宅への訪問では、約束の時間よりも早く到着するのは控えるとしました。しかし、ビジネスの場では5分前が原則です。

たとえば、訪問先の会議室で10時から打ち合わせが始まる予定だとしたら、**受付をすませるための時間や会議室までの移動時間も予想し、遅くとも5分前には到着しておきたいもの**です。面談者よりも先に入室した場合は立って待ち、挨拶後にすすめられてから着席するのが正式です。

来客を迎える側も、約束の時刻に打ち合わせを始められるよう、会議室の整理や資料の準備といった作業は、早め早めに整えておくことを心がけましょう。

◆会議室での上座は入口から「奥」が基本

個人宅への訪問における上座と下座については103ページで解説しましたが、

ビジネスの場ではもっと範囲が広がり、さらに厳格に席次が決まっています。取引先との関係にもよりますが、通常は招かれた客が上座となります。

どんな空間でも、出入口から最も遠い奥の席が上座という基本は変わりません。

会議室では、さまざまな机の並べ方（対面型、コの字型、ロの字型など）がありますが、基本的には出入口から遠い中央の席を議長席とし、その席に近い順に上座となります。大型モニターがある場合は、最も見やすい位置を上座とします。

応接コーナーでは、椅子の種類が目安になります。ソファなどの長椅子、肘掛けのある1人掛けの椅子、肘掛けのない椅子の順で序列が決まっていますが、すべて同じ椅子だった場合は、腰掛けた時に見える景色などを考慮して上座に来客を案内します。

◆タクシーや会食では「どうぞ奥へ」「床の間のほうへ」

また、室内ほど厳格ではありませんが、車や列車、飛行機などにも席次があります。タクシーや自社の社員が運転する場合は後部座席のいちばん奥が上座、次がドア側、中央、助手席という順番になります。取引先が運転する場合は、助手席が上座となります。列車では窓際が上座、3席横並びの新幹線などでは中央の席が末席です。

エレベーターでは、操作盤の前が下座と覚えておくと行動しやすいでしょう。**接待などで飲食店を利用する際は、壁を背にした席が上座、和室なら床の間の前が上座となります。**

これらの席次に共通するのは、出入口に近いほうが下座、操作や作業を担当するのは下座、そして左を上位、右を下位とする「左上右下（さじょううげ）」という考え方です。

◆名刺は相手の分身。ぞんざいにあつかわない

オンライン会議などが普及し、実際に対面しないまま仕事を進めていくことも増えました。そのためか、名刺交換の機会は以前より減ってきているようにも感じます。とはいえ、いざという時にまごつかないためにも、名刺に関するマナーは知っておくと安心です。

まず押さえておきたいのは**「ご尊名」という言葉があるように、氏名が書かれた名刺は相手の分身と思いリスペクト。ぞんざいなあつかいはしないこと**です。

名刺交換をする際は、机などを挟まずに立ち上がって対面し、名刺入れの上に置いた名刺を両手で持ち、所属名と氏名を言いながら差し出します。受け取る時は

「ちょうだいいたします」と言い、席に着いたら名刺入れの上に置いたまま机に置きます。相手が複数の場合は着席順に並べておきましょう。

◆電話、メール、アプリ……相手が慣れている通信手段で

インターネットの普及により、通信手段はここ数十年で格段に増えました。ビジネスの場で使用するツールも、手紙や電話が中心だった頃から大きく変化し、電子メールやメッセンジャーアプリ、ウェブ会議ツールなどを使い分けるようになりました。

どういった場面でどの手段を使うべきという決まりはありません。ビジネス効率のよさに加え、職種、緊急性、内容、相手先との関係によって使い分けることが必要です。カジュアルすぎる、丁寧すぎるなど決めつけず、あらゆる手段を柔軟に使う姿勢がビジネスでは大切です。

基本的な考え方としては、**相手先の都合を優先し、慣れている手段を選ぶことで、その後のコミュニケーションが円滑にはかれる**ということです。

年齢差や職種の違いによって、使い慣れているツールがまったく異なることもあり得ます。あらかじめ、どんな手段がいちばんよいかを確認するのが早道ではない

でしょうか。

電話や手紙といった昔からの通信手段も場合によっては使うべき時があります。緊急時には、できるだけ早く相手の注意を喚起し、知らせる必要があるので、電話などあらゆる通信ツールを駆使します。

◆電話に慣れない人が増加中。メモを手元に

SNSが発達し、電話で話す機会が少なくなってきました。電話が苦手、電話がこわい、と感じる人が多いことでしょう。新入社員であれば、誰からかわからない電話を取る経験もなく、取引先の担当者を呼び出してもらう経験もほとんどないのですから、緊張してあたりまえです。

賢い電話応対は、「感じがいい人」への第一歩です。かかってきた電話には、メモの用意をしてできるだけ早く出ましょう。まずは相手先の社名や所属部署、名前、用件を書きとめます。復唱するのもおすすめです。聞き取れなかった場合は、あわてずに「おそれいりますが、もう一度お伺いしてもよろしいでしょうか」と言えば大丈夫です。

担当者が不在の場合はその旨を伝え、「申し訳ありません。○○はただいま席を

はずしております。○時には帰社予定ですので、折り返しこちらからお電話するよう申し伝えます」と、自分の名前も名乗って電話を切ります。

担当者へのメモには、電話のあった時間、相手先の社名や名前、連絡先、用件、電話を受けた自分の氏名をまとめて、目立つところに残しましょう。緊急性の有無なども書き添えておくと完璧です。

◆ホウレンソウで仕事の人間関係も円滑に

報告、連絡、相談の3つをまとめてホウレンソウ。

仕事上のコミュニケーションをはかる上で、最も大切な要素がこの3つであることは、昔も今も変わりません。3つとも、日常的な業務において上司や先輩に対して伝える行為ですが、取引先とのやりとりにもこの3つを常に頭に置いておきたいものです。

まず、上司などに対して、**進捗や結果を知らせるのが「報告」**。できるだけ速やかに、簡潔に、が基本です。必要なデータなどを添えて結論から述べるとよいでしょう。

業務内容について関係者全員に情報共有する場合や、内容変更があったらそのつ

ど伝えるのが「連絡」です。項目ごとにわかりやすくまとめることが重要です。

業務の中で問題が生じ、方針に迷った場合に、**上司や周囲に意見やアドバイスを求めるのが「相談」**です。自分だけで抱え込まずに適時相談することが成長にもつながります。とはいえ、なんでも相談してしまうのではなく、まずは自分なりの対策や方向性を考えたいものです。

これらホウレンソウについても、メールやメッセンジャーアプリなどを上手に使いこなせば双方の時間短縮にもなり、効率のよいコミュニケーションがとれることでしょう。

◆尊敬語、謙譲語、丁重語。敬語を使い分ける

ビジネスシーンで多用する言葉には、敬意を表す慣用表現が数多くあります。「承知いたしました」「おそれいりますが」など、学生時代にはあまり使わなかった言葉が日常的に飛び交っています。

こうした表現をメールや電話などで使いこなせるようになるためには、尊敬語、謙譲語、丁重語という敬語の種類をきちんと理解しておくことが前提になります。

自社の社長の行動に「〜されました」と尊敬語で言ってしまったり、相手の行動

なのに「伺う」などの謙譲語を使ってしまったりと、敬語表現はたいへん複雑なので、一度も失敗したことがないという人はまれではないかと思います。ビジネスの場での言葉づかいについては、慣用表現を使いこなしながら、徐々に敬語の使い分けに慣れていくしか、近道はないと思われます。

◆語彙力を鍛える

忘れずにいてほしいのは、言葉は生き物であり、心のこもった使い方が最も大切であるということです。

敬語を正確に使うことにこだわり、文法に気を配ることも大切ではありますが、むしろ、相手がちゃんと内容を理解してくれている場合は、こだわりすぎるとかえって窮屈な印象を与えます。言葉だけは丁寧だけれど、誠意のない文章は相手に伝わってしまうものです。失敗をおそれず、新しい言葉や表現を使うことで語彙力を鍛え、会話力を上げましょう。

ビジネスの場であっても言葉は生き物。心を尽くし、誠心誠意を込めた言葉でコミュニケーションをとっていきたいものです。

●ビジネスシーンでよく使う慣用表現

「お世話になっております」「承知いたしました」
「おそれいりますが」「かしこまりました」「申し訳ないことです」
「〜しかねます」「お手数をおかけします」

●社外・社内が混在する時の敬語

敬語はややこしいからと、年長者や上席にはすべて尊敬語を使ってしまうと、社内・社外の人が混在する時に失敗してしまいがち。

その場での自分の立ち位置をまずしっかり把握すること。
・社内だけの時……上席には敬称をつけ尊敬語を使う。
・社外文書の時……自社の社長であっても敬称、尊敬語は使わない。
○「弊社社長の○○がお伺いいたします」……謙譲語を使う。
×「弊社社長の○○様が明日行かれます」…………敬称＋尊敬語は不要。

●役職名に敬称はつけない

社長、専務、部長などの役職名の後ろに「様」といった敬称は不要。役職名にはすでに敬称の意味が含まれている。

○「営業部○○部長」または「営業部部長○○様」

×「営業部○○部長様」

●団体宛てや複数人宛ての敬称

会社や団体宛ての敬称は「御中」。課や部宛ての文書の場合の敬称は「各位」。各位の前にも後ろにも「様」などの敬称は不要。

○「株式会社○○御中」

○「各位」「関係者各位」

×「各位様」

●**メールや封書の宛先**
宛先は、会社名、部署名、役職名、氏名を省略せず記す。正式には株式会社なども略さずに記入。何度もやりとりが続き、相手先とのつきあいが長くなれば、(株)などの略字を使ってもよい。

◆謝るのに躊躇（ちゅうちょ）は禁物。間髪を入れず行動に出る

トラブルやミスが判明し、責任がこちらにあるとわかったら、あれこれ取り繕う時間をおかず、即座に謝罪の行動に出ましょう。**時間をおけばおくほど相手の怒りや不信感は募り、なぜ謝罪されないのかといった新たな疑念を抱かれることにつながります。**

担当者がつかまらない、トラブルの経過がはっきりしない、改善策が見つからないといった状態でも、現状の説明と関係者へ多大な迷惑をかけていることを、躊躇することなくまず詫びましょう。相手の気持ちを推し量ることが大切です。

◆謝罪の際には自筆の手紙で心からの謝意を

通信手段については、柔軟に使いこなすことをおすすめしましたが、こと謝罪の意を伝えるとなると、手紙が最適の手段であると思います。

本来は、すぐに相手先に謝罪に伺うことが望ましいのですが、それができない場合は、まず自筆の手紙を送りましょう。

内容は、第一に迷惑や負担をかけたことへのお詫びの言葉、わかっていればミスの原因、責任を自覚していること、今後の解決策と改善策など。原因や解決策がまだ判明していない場合でも、お詫びの言葉だけでもすぐに伝えたいものです。

◆ピンチは人間力を上げるチャンス

よく「ピンチをチャンスに変える」という言葉を耳にします。ビジネスだけでなくスポーツシーンでもよく口にされています。

これは、失敗がもとで窮地に陥り、成果が出ずに苦しい状況にあるところから、その経験を教訓にし、事態を好転させ、成功へとつなげていくことです。

こんな言葉を知ってはいても、本当にピンチに陥った時には「これを機に」といったポジティブな発想はおいそれとは浮かんではこないでしょう。しかし、**真面目に精一杯問題の対処にあたり、心を込めて対策を講じ、改善策を提示できれば、その行動、態度を見ていてくれる人はきっといます。**

それが、迷惑をかけた取引先の人であることもままあることです。

失敗をおかした人がその後どのように対処していくかは、人間性が大きく表れるところ。思っているよりも多くの注目が集まっており、実際にその時の高評価がより大きなビジネスチャンスにつながることは、少なくないのです。

◆飲みニケーション＝人間どうしのつきあい

上司から飲み会に誘われたらどうするか、あるいは、部下を退社後に飲食に誘ってもいいのか、といった問題は、各世代が抱える現代の悩みかもしれません。飲み会に参加しなければ評価を下げられるのではないかといった懸念や、仕事の話もするのだから残業あつかいにならないのはおかしいという不満など、それぞれの立場で相手がどのように感じているかを考慮しなければならず、そんなにめんどうならもう行く必要はないと思う人も多いのではないでしょうか。

実際に飲み会に行くか行かないかは、相手の考え方やプライベートの事情、互いの関係性によって決めればいいことですが、それはつまり、人間どうしの信頼関係につながっているのではないかと思います。

上司であろうが同僚であろうが、あるいは取引先の人であろうが、**相手に対する好意があり、人として尊敬できる部分があれば、飲食を共にしながらゆっくり話をする機会は楽しいもの**です。

飲食に誘うか誘わないか、断るか受けるかという問題よりも前に、まずは一対一の信頼関係を構築することを大切にすれば、円滑なコミュニケーションがはかれるようになり、親密な関係に発展することもあるのではないでしょうか。

COLUMN

茶の湯に学ぶビジネス教養

機転を利かせた細川幽斎の逸話

大失敗が逆転して大きな成果につながった話を、お茶の世界に伝わる名物茶碗を例にとってご紹介しましょう。

失敗も怪我の功名

国の重要文化財である「筒井筒」という井戸茶碗があります。豊臣秀吉がたいそう大事にしていた茶碗でしたが、ある時小姓が手を滑らせて割ってしまった。

怒った秀吉が手討ちにしようとしたその時、当代随一の教養人であったが細川幽斎はとっさに、「筒井筒いつつに割れし井戸茶碗咎をば我に負ひにけらしな」と、伊勢物語の有名な和歌をもじって詠み、秀吉の怒りを静めたという逸話です。その後茶碗は金継ぎで修復され、逸話と共にさらに名を上げ、現代にいたるまで大切にされています。

まさに怪我の功名。失敗やトラブルを機に、自分が日頃磨いてきたスキルをもとに、さらに深いコミュニケーションをはかることができたという成功例です。

仕事に失敗やミスはつきもの。それを生かすのは自分次第です。

食事編

食事の際のふるまいは、その人の印象や評価を左右することが大いにあります。大きな音を立てて咀嚼（そしゃく）したり、食卓に肘をついたまま食べたり、箸で器を引き寄せる仕草だったり、食事の場面におけるバッドマナーは、共に食卓を囲む人の気分を害してしまうことも多いのです。

逆に言うと、飲食の場で正しいマナーを身につけた美しい姿でいることは、その人の評価を上げることにつながり、ひいてはその場の空気を和やかに保つことにもつながっていきます。まさに相手への思いやりなのです。

食事は人間の営みの中でも基本的なものですから、マナーやルールとして決まっていることが多いのは当然のことかもしれません。

大切なのは、食卓を囲むその場の人全員がおいしく料理をいただくためにこそ、マナーは存在するということです。それを忘れて重箱の隅をつつくように細かいマナーを指摘するようなことがあっては本末転倒です。また、ごく親しい間柄の集まりと取引先の接待の場では、自ずとマナーや作法も違ってきて当然です。

◆食事の時こそ「手なり」の仕草が大事

食事の際の美しい姿というのは、多くの意味があります。背筋が伸びた姿勢、座り方、箸使いやナイフフォークのあつかい、器のあつかいなどなど。

もちろんすべてに神経が行き届いているにこしたことはありませんが、**すべての美しい仕草の基本となるあの言葉を実践する時が、まさに食事時です。**

そう、「手なり」です。

すでに第2章でもくわしくお伝えしましたが、「手なり」とは、お茶を点てる時の手つきが無理なく自然にされている、という意味で使われる言葉。自然に手を伸ばした形で箸を持つ、箸を置いた手でそのまま次の器を持ち上げるなど、無駄や無理のない手つきは見ていて気持ちよく、美しく見えるものです。

食事の場面こそ、この「手なり」が最も効果を発揮するシーンです。ぜひ意識していただければと思います。

◆基本の作法は家庭の食卓から育つ

食事の場でのマナーや作法は、学んで身につくというよりも、基本は乳幼児期からの家庭での食卓で覚えるものではないでしょうか。物心つく前から食事を共にしている親や家族の仕草や動作を見て、子どもは疑いなく真似をするもの。

もちろん、外食時や学校での昼食時に、他人の食べ方を見て学ぶことも多いでしょうし、自ら気がついてクセや食べ方を修正してきたという人もいるでしょう。**何歳からでもマナーを身につけることはできるので、そうして気がついた美しい食事の姿を、ぜひ次世代へと受け継いでいっていただきたい**と思うのです。

食事は、自然に感謝しながらその恩恵をいただくことです。だからこそ、食事の時にはテレビを消し、料理に集中し、会話を楽しみたいものです。

子育て中や幼少期の家族がいる家庭などでは、子どもたちのお手本として恥ずかしくない姿を意識して、共に食卓を囲みたいと思います。

◆和食は旬を楽しみ、器を楽しむ

日本は夏冬の気温変化が大きく、四季それぞれの美しさを楽しめる国です。とりわけ**和食は、季節の魅力を食という形に凝縮したもの。旬の味わいや盛りつけ、器の趣向を十分に楽しみたい**ものです。

器を手に持って食事をするのも和食ならではの特色。重さ軽さや口に当たる感触をも楽しみ、食べ終わったあとでじっくりと鑑賞することも醍醐味のひとつです。紙ナプキンや懐紙などで水気を押さえ、裏返して見てもかまいません。

◆味だけでなく、目もご馳走

「目のご馳走」という言葉の通り、目で味わい、舌で味わう。どちらも含めてご馳走をいただくということだと思います。

豪華な蒔絵(まきえ)などのお椀が出てきたら、細工や模様を楽しんでから、ゆっくり蓋を取り、裏返しにして脇に置きます。食べ終えたあとは、蓋をもとどおりに戻します。

飲食店ではなく、個人宅で食事をいただいた場合は、食べ終えたあとに食器を片づけやすいよう、まとめておきたいものです。その時、基本的に食器は重ねません。器どうしが当たって傷つける可能性もあり、器によっては底の土見せから色が入ってしまうこともあるので、丁寧に、を心がけます。

貴重な器を出していただいた場合など、**鑑賞する時には高い位置まで持ち上げたりせず、持ち主が安心して見ていられるよう気をつけたいものです。**ちなみに茶席では、大事な器を傷つけないよう、指輪や時計などのアクセサリー類はあらかじめはずして鑑賞します。

◆懐紙をバッグにしのばせて、一目置かれる人に

懐紙はふたつ折りにした小ぶりの和紙のこと。**かつての日本人は、いつも懐に懐紙を入れ、メモにしたり、汚れを拭いたり、食事の際の小皿代わりにしたり、菓子の持ち帰りに使ったりと、あらゆる場面で利用してきました。**ちょっとした現金を包んで渡したりするのにも役立つなど、現代においてもとても便利なものなので、懐紙をバッグに入れておくのはいかがでしょう。

いざという時にさっと取り出す姿は、気が利いていて周囲の人たちの目に美しく映ることでしょう。

◆好感度を上げる食事の作法

食事のいただき方に「絶対これ」というものはありませんが、長年培ってきたマナーやルールには、人を不快にさせないための理由があります。食卓をみなで楽しく囲むためのふるまい方を見ていきましょう。

●外食先での心得

- 香水などの強い匂いは食事の妨げになるので、付けていかない。
- 口から料理を迎えにいかず、正しい姿勢を保つ。
- 食事中に肘をついたり、髪や肌に触ったりしない。
- できれば中座は避ける。
- 料理が出されたら、温かいうちにすぐに食べ始める。
- 箸やナイフフォークを人に向けない。
- 和食の場合は、皿以外の器は手で持って食べる。
- 洋食の場合は、皿を勝手に動かさない。

●もてなし側の心得

- お客様に盛り付けや器を楽しんでいただくため、正面が見えるように出す。
- 酒杯は空いていないか、ご飯が足りているか、さりげなく気配りを。

●避けたい箸使いタブー

・刺し箸

つかみにくい料理を箸で突き刺して食べる行為。

・迷い箸

どれを食べようか迷い、箸をあちこちに運ぶこと。

・寄せ箸

遠くの器を箸で引き寄せること。

・さぐり箸

器の底にある料理を掘り返して食べること。上から順に。

・もぎ箸

箸についたご飯粒やおかずを口でもぎ取る行為。

・ねぶり箸

食事中に箸先を舐めたり吸ったりすること。

・渡し箸

器の上に箸を渡して置くこと。使わない時は箸置きに戻す。

・涙箸

箸先から煮物などの料理の汁を垂らしてしまうこと。

刺し箸

渡し箸

・**ちぎり箸**
箸を両手に1本ずつ持ち、料理をちぎること。

・**指し箸**
箸で人や物を指し示すこと。

・**空箸**
一度箸をつけた料理を、食べずに戻す行為。

ちぎり箸

●和食での、美しい箸の上げ下げ
最初に器を持ってから箸を取り、戻す時は箸を置いてから器を置く。

①器を左手に持ってから、右手で箸を取る。

②左手の人差し指、中指で箸をいったん受ける。

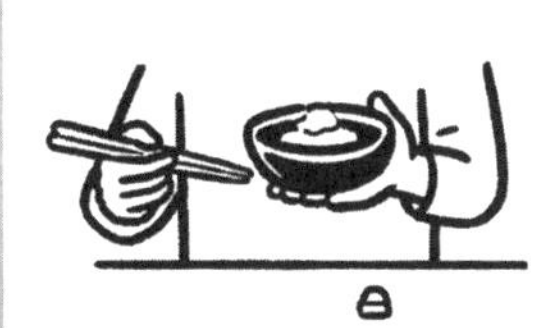
③左手に受けた箸を、右手で持ち直す。

◆お店の人にも感謝と敬意を

レストランや料亭の予約の無断キャンセル、大口の宴会予約の当日キャンセルで飲食店が困っているという報道をよく耳にします。食材の仕入れや当日の人員配置など、万端の準備をしている飲食店にとっては死活問題です。

このように、少し考えればわかることを無視し、自分たちの都合だけを押し通してわがままにふるまうことは、厳に慎みたいものです。

また、お店では急に横柄な態度になる人や、自分たちだけで盛り上がり、周囲の迷惑を顧みない騒ぎ方をするグループも見かけることがあります。これらはみな、相手に対する敬意が欠けている行為です。

お店のオーナーや店員、たまたま隣り合わせた客どうし、互いに敬意を持って接する気持ちがあれば、このような恥ずかしい行為はできないはずです。**お客様は神様ではありません。常に人としての尊厳を忘れず、自分がされたらいやなことはしないという気持ちでふるまいたい**ものです。

◆食事の場は良質なコミュニケーションの場

現代は、孤食という言葉もあるように、他人と一緒に食事をしない人も増えているようです。コロナ禍では、学校でも会社でも人と一緒に食卓を囲む機会が極端に減っていたことも、大きく影響しているのかもしれません。また、あまり親しくない人とも同席する可能性のある会食などは、服装やマナーが厳しそうだと敬遠する若い人も増えているのかもしれません。

ただ、それではもったいないと思うのです。何度も言いますが、大切なのは、マナー通りに食事をすませることや恥をかかずに自分をよく見せることではなく、同席した人たちがみな和気あいあいとおいしく食事ができること。食事の時間は他の時間と比べて濃密で良質なコミュニケーションをはかることができます。

これこそが思いやりのマナーの原則であることを心に留め、**会食に招いたほうも招かれたほうも、互いをもてなす気持ちで臨めば、充実した時間が過ごせるもの**と確信しています。

◆取り分けは実は無作法。取り回しが正解

和洋中と世界の料理が楽しめる日本。各国の料理にはその土地ならではの独特の作法もありますが、共通してNGというマナーもあります。

意外に知られていないのが、大皿に盛りつけた料理を各自の小皿に「取り分ける」という行為。**取り分けてくれる人を「気が利く」人だとする風潮すらありますが、テーブルマナーとしてはNGなのです。**

もともと料理を取り分けるという行為は、お店の人がやるべきこと。レストランや料亭などでは客どうしでやるべきではないし、求めてもいけません。とはいえ、ごくカジュアルな居酒屋やビアホールなどでは、テーブルの上を片づける意味でもさっさと取り分けたほうがよい場合もあるので、そこは臨機応変に。

数人分をまとめて盛りつけた大皿料理が供された場合、正しいマナーは「取り回し」です。「お先に失

大皿は取り回しで。料理を自分で取ったら、次の人に回す。

礼します」と一声かけてから、自分の小皿に適当な量を取り分け、大皿を次の人に回します。

◆案外知らない食事マナー、手皿も無作法

テレビなどの食事をする場面でよく見かけるのが、手を皿のようにして口に運ぶ光景です。「手皿」と呼ばれて、上品な仕草のように勘違いされているようですが、これはバッドマナーです。

箸やスプーンを持たない手は、食事中は食卓に軽く乗せ、器をあつかう際に添えるなどするのが美しいふるまいです。膝の上に乗せておくのは無作法とされます。

和食では器を手に持って食しますが、左側に置いてある器を右手で取るなど無理無駄のある動きも避けたいものです。

また、日本酒やビールの場合は盃やグラスを手に持って注いでもらいますが、ワインを注いでもらう時には、グラスには手を添えずテーブルの上に置いたまま待ちます。間違えやすいマナーのひとつです。

COLUMN

茶の湯に学ぶ和食のマナー

茶懐石の基本

正式な茶会である「茶事」では、お茶が出される前に食事が供されます。その料理を「懐石」「会席」と呼びます。

懐石はもとは禅僧が修行の合間に、空腹をまぎらかすため、懐に入れていた温石でせめての飢えをしのいだという説もあり、ごく軽い食事の意味だったようです。懐石での食器や料理順序についてご紹介しましょう。

基本は一汁三菜

利休の時代に茶席で供された料理の記録が残っていますが、そこには一汁二菜または一汁三菜の少なめの料理を、温かいものが冷えないうちに要領よく給仕するという気づかいが示されています。

懐石では、折敷というお膳の手前左に飯椀、右に汁椀、奥に向付をのせて手渡されます。箸置きはなく、食べ始めてからは折敷の左縁にかけておき、最初は飯と汁を交互にいただきます。一膳めの

汁椀と飯椀の蓋を取って重ね、右横に置く。

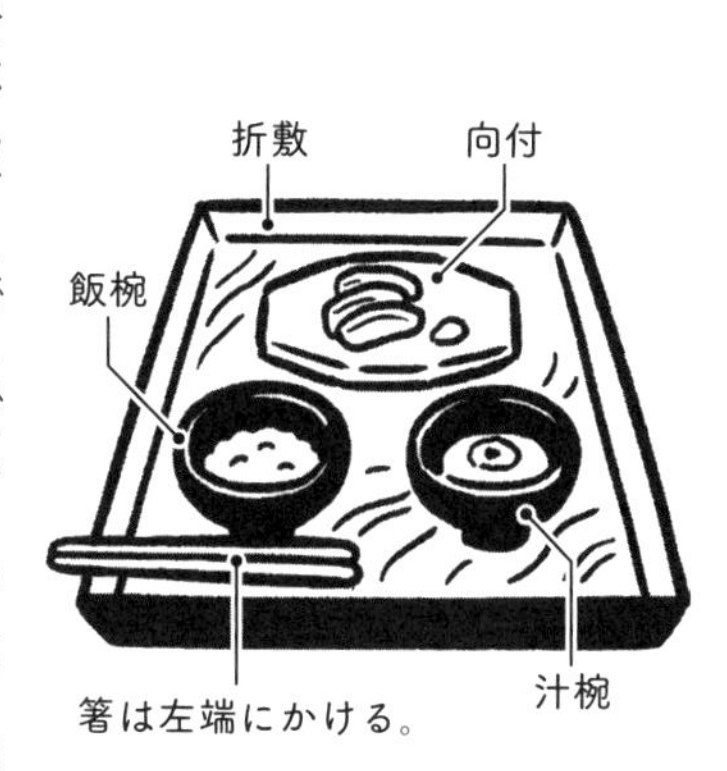

箸は左端にかける。

ご飯は、炊き上げたばかりのみずみずしい状態を十分に楽しみます。

酒杯のやりとりも

続いて酒が出てきたら、向付も食べていい合図。一菜目の向付には魚の昆布締めなどが多く用いられます。そのあと煮物、焼き物の二菜が出され、ご飯のお替わりが入った飯器や焼き物に添えた酒も出されます。献立は、旬の食材が中心。そのあとに続けて強肴（しいざかな）や酢の物が出されることがほとんどです。

亭主が酒肴（しゅこう）を盛った八寸（はっすん）と酒の銚子を持って茶席に入り、客とおおいに酌み交わしたあと、頃合いをみて香の物と湯が出されます。客は湯漬けをいただき、香の物で飯椀を清め、他の器も懐紙で清めます。出された器はそのつど茶室の出口に近いところにまとめておきます。主菓子をいただいたあと、席をあらため後座（ござ）の濃茶という段取りになります。

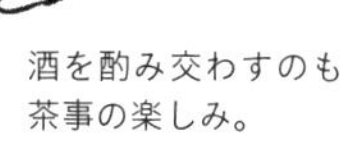
酒を酌み交わすのも
茶事の楽しみ。

贈り物編

贈り物とは、感謝や敬意などの気持ちを形にして手渡すものです。

家族や恋人、親しい友人どうしなら、相手の希望を聞いて品物を選ぶのも一興、一緒に買い物に出かけるのも楽しいイベントになるでしょう。

ですが、少し距離のある相手の場合、たとえば上司や恩師の家を訪問する時や、取引先の会社へあらたまってご挨拶に伺う時の手土産などは、品選びや包装、手渡し方にも少し気を配りたいものです。

まず、**ご自宅に招かれた時には手土産を持って行くということを、ぜひ常識として覚えておいてください。相手はさまざまに準備を整えて迎えてくれるのに対して、手ぶらで訪問するというのは失礼にあたります。**

◆手土産は紙袋から出して渡すと感じがよい

相手先に着いて手土産を渡す際、玄関先などで紙袋ごと手渡す様子をよく見かけますが、これは実はマナーにかなったやり方とは言えません。手軽だし、みんなやっているから、という理由で、そそくさと「これどうぞ」と手渡すのではなく、客間に通されるまでそのままで持ち運び、席についたら紙袋から取り出して机の上に置いておきます。

いざ手渡す時は、相手に正面が来るように向きを変えて渡しましょう。

手土産とは、相手に差し上げるために持参する物。招かれた家に入った瞬間から相手の所有物であると考えてください。そう考えれば、床や椅子の上には置かず、大切にあつかうという意味が腑に落ちることでしょう。

同じ意味で、「つまらない物ですが」と言って手渡すことを、私は好みません。相手との関係にもよりますが、自分がおいしいと思っている物をぜひ一度、あなたにも味わっていただきたいと思って持参しました、と一言添えながらお渡ししたいものです。

◆手土産に正解はない

ご自宅に招かれた時、取引先を訪ねる時、手土産の選び方にはたいへん悩むものです。雑誌などで定期的に手土産の特集が組まれるのもうなずけます。

具体的にどんな品を選べばいいのかは、相手方に喜んでいただくことが目的なので、「これが正解」というものはありません。**親しい関係なら、いっそ「何か買っていこうか」と尋ねてもいいかも**しれません。

そうでない場合は、日本酒が好きな人、お子さんの多い家庭、年配のご夫婦、食事制限をしている人……など、できるだけ相手の好みや事情、家族構成を知り、その上で自分がいいと思った物、日頃からおいしいと感じている品を選ぶとよいでしょう。

◆贈り物は自分がもらってうれしい物を

贈り物がどうしても決まらない時にひとつの指針になるのは、自分がいただいてうれしい物を選ぶ、ということです。

手土産に限らず、贈り物を選ぶ際には、自分中心に考えても間違いではないと思っています。自分中心というのは、自分の判断力にしたがい、自信を持ってすすめられる物を選ぶという意味で、自分のために選ぶわけではありません。

季節を楽しめるもの、予約をしないと買えないお菓子、蔵元から取り寄せた日本酒など、手間をかけねば取り寄せられない物などは、自分が贈られた時にも感激することでしょう。

せっかく差し上げるのですから、自分の出身地にまつわる名物や銘菓、地酒などを選ぶのもおすすめです。お国自慢ができる名産品などは、その土地を知っていただくという意味もあります。

自分がもらってうれしくない物は贈らない、ということも、同じように贈り物を選ぶ際の判断基準になるのではないでしょうか。

◆複数人での訪問。手土産を渡すのは代表者から

何人かでご自宅や取引先を訪問した時、手土産を手渡すのはそのグループの中の代表者が適当でしょう。

というのは、**手土産を渡すという行為そのものが、表彰式のプレゼンター同様、重要な役割でもある**からです。受け取った側にも最も印象に残る存在となることから、手渡しはグループ全員を代表する立場の人がするべきです。

とはいえ、例外ももちろんあります。

たとえば、その品物を選んだ理由や、入手までのいきさつなど、ちょっとしたエピソードを話せる人がいる場合は、その人から手渡して話すことも一興です。

◆あらたまった贈答には熨斗紙をかける

お中元、お歳暮などのあらたまったご挨拶や、出産祝い、新築祝いなど祝いごとの進物には、熨斗紙をかけるとこちらの真摯な気持ちがより伝わります。

もともと正式な贈り物の際に和紙で包んで水引をかけ、熨斗を付けるという習わしがあり、熨斗紙とはそれを簡略化して印刷したもの。通常「御祝」「御礼」といった表書きと氏名を記入しますが、ごく簡単なお礼の品や引っ越しのご挨拶などには、何も記入しない無地熨斗を使うこともあります。

また、包装紙の上から熨斗紙をかける場合（外熨斗）と、包装紙の内側にかける場合（内熨斗）の2通りがあります。

熨斗紙で迷った場合は、デパートなどの売り場で尋ねてみることをおすすめします。一般的に、**正式なお祝いや進物は内熨斗がふさわしいとされていますが、結納や楽屋見舞い、水屋見舞いなど、たくさんの贈り物が重なる時には、ひと目見てわかるように外熨斗にするほうが、受け取る側にとって親切です。**

熨斗紙をかけると古風になりすぎ、堅苦しくなってしまうと感じる場合は、リボンやカードを付けるのもいいでしょう。渡したあとで誰から贈られた物かがわかるようにしておくのは、心配りとしてのマナーです。

◆お祝い、内祝いは福を喜び合うこと

お祝いごとで金品を贈ることは、相手先に訪れた慶事を祝い、共にめでたさを分かち合い、喜び合うということの表れです。**お祝いを贈る際には、相手を思う気持ちを忘れずに、品選びや包装、熨斗や水引、手渡し方に念を入れたいもの**です。

また、お祝いをいただいた場合には「内祝い」を贈ります。これは、自らの慶事を共に祝っていただいたことへの感謝の気持ちを表すもの。本来はお祝いへの返礼に限ったことではなく、自分の喜びを分かち合いたい時にも内祝いとして贈ることがあります。ちなみに、お祝いではない進物に対してお礼を贈り返すことは、内祝いではなく「お返し」と呼びます。

◆内祝いとお返しの目安は

内祝いなど慶事の金額の目安は、いただいた金額の半額程度が一般的です（「半返し」）。一方、弔事の場合は三分の一から半額程度とされています。

お祝いや弔事ではない贈答品へのお返しは、目上の人に対しては、いただいた額を超えないようにします。目下、年下の人へのお返しは、同額から半額程度が適当

でしょう。

病気見舞いへのお返しは、「快気祝い」という形で半額程度のお返しが一般的です。

◆感謝の気持ちを託す、内祝いの品選び

内祝いやお返しの品を、カタログギフトで贈る人が増えています。特に結婚祝いや出産祝いなどは一度に贈る数量が多く、かつ、いただく金額もまちまちなので、それに応じた内祝いの品を選ぶのがたいへんだという事情は理解できます。

受け取った側も欲しかった物が選べるので、合理的であることはたしかですが、少し味気なくはないでしょうか。私自身の経験でも、**自分で選んだ品物を送った時より、カタログギフトで送った時のほうが、お礼の言葉やお礼状をいただくことが少ないので、それだけ印象の残り方が違う**のでしょう。

内祝いというのは自分の喜びごとを共に祝ってくれたことへの感謝の気持ちを表すもの。カタログに頼らず、感謝の気持ちがセンスよく伝わる品選びができれば、何よりの贈り物となり、共に福を分かち合ったという気持ちがさらに深まることでしょう。

◆ささやかな気配りが効くビジネスシーンの手土産

取引先へ持参する手土産や、出張先で買い求めた同僚らへの土産物など、ビジネスの場での贈り物には気をつけたいことがあります。

それは、何人の人に行き渡るか、配りやすい個包装か、です。

先方がどのタイミングで開けるのかは不明なので、要冷蔵の品や切り分けが必要なケーキ、果物などは負担をかけてしまいます。

取り分けやすく、ある程度日持ちがし、おおぜいで食べられ、しかも自分も気に入っている地方の銘菓などを持参すると、きっと喜ばれることでしょう。

冠婚葬祭編

冠婚葬祭とは、人が生きていく上で遭遇する四大儀礼を指します。

この言葉でくくられるさまざまな儀礼こそ、最も人間関係に深く結びつき、しきたりとしてのマナーが問われる場面ではないでしょうか。なぜなら、**敬意や感謝、思いやり、清浄、ご縁……といったすべての基本の要素が含まれている**からです。

冠婚葬祭それぞれに、その地方ならではのしきたりがあったり、家に伝わる方針が存在したりもするでしょう。家族や親族だけでなく、おおぜいの人が関わる儀式でもあるので、よけいにその場にふさわしいふるまいや服装、正しい作法というものが気になります。

これを窮屈ととらえ、時代と共に儀式を簡素化してきたのが現代です。

結納は省略し、結婚式は行わないか親族のみで、葬式は家族葬で、といった具合です。核家族化が進んだ現在では当然の流れかもしれませんが、単に合理的でないから、手間がかかるから、といった理由でなくしてしまうのは、残念なことだと思うのです。

◆冠婚葬祭は人間関係が凝縮されたもの

冠婚葬祭というのは、いわば**人生の節目に当たるタイミングで、それまでの無事を感謝し、健康や将来を祈り、新しい門出を周囲に報告し、それを讃える、あるいは身近な人の死を悼み、弔うという、人間関係を凝縮したもの**です。

ふだんはそれほど濃いつきあいをしていない親戚とも、結婚の報告を機に交流が復活したり、長寿の祝いで子や孫が集まることで一族の結束が強まったりすることも多いでしょう。

つまり、冠婚葬祭は人間関係を軌道修正する機会でもあるのです。

「感じのいい人」とは、ご縁を大切にする人。節目となる儀礼を軽視して、逆に「失礼な人」「常識のない人」とならないよう気をつけましょう。冠婚葬祭を虚礼として退けるのではなく、ぜひこれらの儀式の本来の意味を知り、周囲の人びととのコミュニケーションをはかるために役立ててみてはいかがでしょうか。

冠編

◆冠とは自ら祝い「おかげさまで」の感謝を伝えるもの

冠婚葬祭の「冠」とは、江戸時代以前に男子が元服する際に冠をかぶせて儀式を行ったことを由来とする言葉です。幼かった子どもが無事に成長し、大人と認められる年齢まで達することができたことを祝うと共に、当時としては大切な跡継ぎの存在を公に披露する意味もありました。

祝うという意味では、他に「婚」＝結婚がありますが、簡単に言えば、冠は婚以外の人生の節目の祝いごとというふうに考えていいでしょう。

また、**冠は家族や身内の成長、長寿に対する感謝の気持ちを伝えるもの**。親戚や親しい方から祝ってもらうことももちろんありますが、それ以前にまず「おかげさまで」という気持ちを大切に、ここまで無事に過ごさせていただいたことを「自ら祝う」ものであることを基本として覚えておきましょう。

◆人生の節目を迎えたことに感謝する、冠の儀式

元服の儀式をルーツとする冠は、現代では人生の節目を祝う儀式として受け継がれています。細かく言えば、誕生から成長して成人し、その後は年齢を重ねていく中で迎える節目の祝いごとを指します。

【子どもの祝い】

出産

出産は、現代の冠の祝いとしては、成人式とならんで最も盛大に祝う出来事です。報告する順序は、両家の家族などの身内から。おつきあいが頻繁でない方には、年賀状や暑中見舞いに添えてお知らせするのもいいでしょう。

出産の報せを受けた側は、まずは手紙やメール、電話などで喜びの言葉を届けます。母子の体調優先で、身内であってもすぐに駆けつけるのは控えましょう。

お祝いは、産後10日から1ケ月くらいの間に。ベビー服や玩具、乳児用の食器などを選ぶのは、それだけで幸せのお裾分けをいただくようでうれしいものです。ま

た、紙おむつや絵本などの実用品、出産後の忙しい日常を助けるためのお惣菜セットなどを、好みを伺った上で贈るのも喜ばれます。

出産祝いをいただいたら、まずお礼を伝えましょう。その後、いただいたお祝いの半額程度の内祝いを返すのが一般的です。

私の家では、いただいたベビー服などのお祝い品を身につけた写真を撮影し、それを添えて感謝の意を伝えました。その後、家族の喜びごとを祝っていただいたことへの感謝として、内祝いには懇意にしているお店の食品を選んでお返ししましたが、手元に残る物でなく、〝消えもの〟にしたことで、たいへん好評をいただきました。

内祝いというのは、お返しという意味もありますが、やはり授かった福をご報告し、お裾分けするという意味がむしろ大きいのではないかと思うのです。

●出産祝いでお金を包む場合

両親や家族との関係の深さによって金額が変わる。

○職場や友人・知人　５千円〜１万円

○親戚やごく親しい友人　１万円〜

お七夜

出産の翌日を1日目と数えた7日目に行うもので、「命名式」あるいは「名付祝い」とも呼ばれます。現代では身内のみで新生児の健康を祝ってかんたんにすますことが多いようです。周囲への名前の披露は、内祝いの熨斗紙に書いて知らせるのがスマートです。

お宮参り

生まれた土地の守り神である産土神（うぶすながみ）や、その家の氏神様（うじがみさま）に、**子どもの健やかな成長を祈ってお参りする**のがお宮参りです。

生後1ケ月前後に行うと言いますが、今は母子の体調を優先して無理のないタイミングで、両家の祖父母と共に子どもにお祝い着を着せて昇殿参拝し、ご祈禱を受け、お札（ふだ）などを授かります。

お食い初め

離乳食を食べ始める生後百日前後に、**子どもがそれまで無事に成長したことを祝い、一生食べ物に困らないことを願って行います。**

地域によって異なりますが、両家の祖父母や親戚などが集い、鯛の尾頭付きと赤飯などの膳を囲みます。子どもにはお箸で食べる真似をさせることが多いようです。子どもには「歯固め」といって歯が丈夫になるようにお膳に石を添えて出す風習も地域によってあります。

初節句

生まれて初めて迎える節句を指します。**男児なら5月5日、女児なら3月3日に、健やかな成長を祈って集まります。**生後間もない場合は、1年後に執り行うこともあります。私の家では、子どものお披露目の機会として初節句の茶会を開き、お弟子さん方へのお目見えとしましたが、ほとんどの家では家族だけで祝うことが多いでしょう。

七五三

秋になると神社の境内で着飾った家族をよく見かけます。冠の儀式の中でも現代に最も定着しているのが七五三かもしれません。

平安時代から室町時代に宮中で行われていた儀礼がもとになっており、髪置の儀

（それまで髪を剃っていたのを伸ばし始める儀式で、男女共に3歳で行う）、袴着（はかまぎ）の儀（5歳の男女が初めて袴を着ける儀式。江戸時代以降は5歳の男児が行った）、帯解（おびとき）の儀（付け帯ではなく、初めて帯を締める儀式。だいたい5歳から9歳に行われた）という3つの儀式が、形を変えて現代に残ったとされています。**現代では、3歳の男女、5歳の男児、7歳の女児の祝いに集約されています**が、数え年で行うか満年齢で行うかも地域によってまちまちです。11月15日が正式とされていますが、10月から対応している神社もあり、その頃の行きやすい日に行ってかまいません。両家の祖父母などと共に晴れ着を着て近所の神社、氏神様に参拝するのが一般的です。

成人式

小正月に元服の儀が行われた風習にのっとり、かつては1月15日に制定されていた国民の祝日、成人の日ですが、今では1月第2月曜日となっています。また、2022年の民法改正により、現在は18歳からが成人となりましたが、各自治体が開く成人式は、いまだほとんどが二十歳を迎えた人を対象としているようです。

成人式とは一人前の大人となったことを祝う儀式ですが、これもまた、親や本人がこれまでの成長を感謝するもの。家族で心を込めたお祝いをしたいものです。

［長寿の祝い］

半白（はくはく）

50歳の祝い。白寿（99歳）の約半分との意味と、髪が半分白くなる年齢という意味があります。それほど一般的ではありません。

還暦（かんれき）

60歳の祝い。60通りの十干十二支の組み合わせをひと通り生きてきたという意味で、暦が還ると呼ばれます。赤ん坊に還るという意味にかけて赤いものを贈る風習もあります。現代ではまだ長寿とは言えない年齢ですが、少し前までは定年の年齢でもあり、その後の健康と第二の人生の始まりを祝い、家族や親戚、友人たちで祝うことも多いようです。

古希（こき）

70歳の祝い。中国の詩人、杜甫（とほ）47歳の時の七言律詩『曲江（きょっこう）』の中の、「人生七十古来稀」（人生七十年古来まれなり）という一節から取られた名称です。「古稀」とも。

喜寿（きじゅ）

77歳の祝い。喜の異字体「㐂」を草書で書くと「七十七」と読めることから名づけられました。

傘寿（さんじゅ）

80歳の祝い。傘の略字「仐」を分解すると「八十」となることから名づけられました。

米寿（べいじゅ）

88歳の祝い。米の字を分解すると「八十八」となることから名づけられました。

卒寿（そつじゅ）

90歳の祝い。卒の略字「卆」を分解すると「九十」となることから名づけられました。

白寿（はくじゅ）

99歳の祝い。百の字から「一」を引くと99になるという意味で名づけられました。

百寿（ひゃくじゅ）

100歳の祝い。100年が1世紀に当たることから「紀寿（きじゅ）」と呼ぶことも。

茶寿（ちゃじゅ）

108歳の祝い。「茶」の字を分解すると、十、十、八十、八となり、すべてを足すと108になることから名づけられました。

これら長寿の祝いは、かつては数え年で行われましたが、今では満年齢での祝いが多いようです。数え年とは、誕生した時を1歳とし、元日にひとつ年を取る数え方です。

◆社会的な活動を喜ぶ「冠」の儀式

社会的な節目という意味では、入学・卒業や就職、あるいは叙勲なども冠としての祝いごとになるでしょう。

入学、卒業、就職祝い

家族や身内が集まり、人生の節目としての入学や卒業、就職などを祝うものです。

特に就職などで**社会に出る時は、子の側からはそれまで育ててくれた保護者に対しての感謝を、保護者からは社会人としての門出を、互いに祝い合いたいもの**です。

叙勲（じょくん）、褒章（ほうしょう）

叙勲とは、社会や国に対して大きな功績があった人に対し、国から勲章を授けられること。また、社会的分野において優れた行いのあった人を讃える制度を褒章といいます。**これらの栄誉を受ける人はごく限られており、非常に名誉なこと**なので、親しい人ならもちろん、その報せを受けた際にはぜひお祝いを伝えたいものです。

結婚編

◆結婚の報告は、喜びと感謝のお裾分け

結婚とは、人生最大の節目。その意味では「冠」の儀式の意味もあり、さらに「祭」の要素も持った重大事と言えます。

結婚を報告することは、「さまざまなご縁に恵まれ今日こうして伴侶と出会うこ

とができ、このような祝いごとにつながりました」と、親類縁者、友人、関係者に知らせることで、この感謝の気持ちを伝える場が披露宴です。**結婚を祝ってもらうことを前提とするものではなく、あくまで当人と両家の喜びと感謝の気持ちを伝えることが基本となります**。

もちろん、結婚の報告を受けたり披露宴に招かれたりすれば、相応のお祝いを贈ることは決まりのようになっていますが、これもまた、本来は二人の門出を祝い、新生活に役立つようにと贈るもの。また、お披露目にかかる費用を分担するといった意味も含まれています。

つまり、結婚というおめでたい節目に際して、祝う側、祝われる側が互いに相手に対する感謝の気持ちや敬意を持っていることが大切なのです。

◆ご祝儀はまっさらな新札で祝意を表す

お祝いをお金で贈る場合は、新札を用意し、熨斗袋に入れ、上包みは福がこぼれないよう下側を上にかぶせます。墨で表書きと氏名を書いて渡しましょう。**未使用で折り目のついていないまっさらな紙幣は、新生活への旅立ちにふさわしい清々しさがあり、何よりもこのお祝いのために用意したという気持ちがこもります**。なるべくなら手渡しましょう。

本来は、結婚の報せを受けたら、披露宴までの大安吉日の午前中にお届けするものとされています。自宅に届けられてはかえって受け取りにくい場合もあり、今は披露宴会場の受付で手渡すことも増えていますが、やはり、事情が許せば直接お届けにあがり手渡すということが、祝意を表すのに最もふさわしいと思います。

●お祝いの金額は、その時その場の関係性

結婚祝いの金額相場は、新郎新婦との関係の深さや披露宴会場の格式、本人の年齢などによっても変わる。お祝い金とはあくまでも実費負担ではないので、そこに祝福の気持ちをプラスアルファして考えることを忘れずに。一般的な目安は左の通り。

○渡す側が若く社会人になって間がない場合、友人などへ　2万円〜
○友人知人や職場の同僚　3万円〜
○いとこや親戚、職場の上司　3万円〜
○兄弟姉妹　5〜10万円

これは披露宴でかかる費用を分担する意味で計算された相場なので、会費制の披露パーティーの場合などは臨機応変でよい。

◆奇数は陽、偶数は陰。慶事のご祝儀は奇数で

日本では古くから、お祝いごとは奇数日に行われてきました。

これは、**奇数を陽、偶数を陰とする陰陽思想の影響を受けたもので、物やお金を贈る際には陽の数、奇数が好まれます。**

特に結婚のお祝いでは「割り切れない（ふたつに分かれない）」ということが求められるので、偶数は避けられます。ただし、2はペアを意味し、結婚祝いでは例外的に縁起がよいとされているため、2万円はNGではありません。

祝儀袋の中袋には、「金〇萬圓也」と金額を明記します。算用数字はあからさまなので避け、大字（だいじ）という漢数字を書きます。（例　1→壱　2→弐　3→参　5→伍　10→壱拾　1000→壱阡　10000→壱萬）

◆結納は両家の価値観をぶつけ合う機会

結納とは、婚姻によってふたつの家が親戚になることを祝い、仲人を立てて結納金や結納品などを受け渡しする儀式です。今では省略してしまうか、レストランやホテルなどで略式の顔合わせや食事会として行うことが多くなっています。

結納によって正式な婚約が成立するわけですから、かつて結婚が家と家との結びつきであった時代には、たいへん重要な儀式とされていました。結納の手順を踏む中で、歴史も考え方も違うふたつの家がそれぞれの価値観をぶつけ合うことになり、それを乗り越えていけるかということが試されたわけです。

現代であっても、**婚約や両家の顔合わせや食事会、結納をいつどのようにするかといったことをひとつひとつ決めていく中で、婚約者それぞれが育った家の価値観やしきたりといったものが初めてあらわになってくるはずです。**

儀礼とは、一見非合理的でめんどうなものと思われがちですが、型が決まっているからこそ、そこに人の気持ちや本質が現れてくるという側面があります。結納や婚約といった儀式もまた、その後の結婚生活がうまく継続できるかどうかを確認するための、大切な通過儀礼と言えるのではないでしょうか。

◆新郎新婦が自立している現代では、仲人は不要

かつて、結婚披露宴では仲人夫妻が必ず新郎新婦の隣に座っていましたが、今ではほぼその姿は見られません。仲人さんの紹介によるお見合い結婚という例が少なくなったからでもありますが、ほかにも理由はありそうです。

一昔前とくらべて、今は男女共に社会的経済的に自立してから結婚する人がほとんどです。招待客も自分たちが直接親しくしている友人や上司がほとんどで、親の関係者を招くことはまれです。

こうした二人の結婚式では、**親代わりとして常に補佐する役割の仲人さんは、もう必要なくなったと考えていい**のではないでしょうか。

◆現代は、新郎新婦中心の人づきあいに変化

仲人さんが存在した時代の結婚披露宴では、新郎新婦が自分の言葉で話す機会はほとんどありませんでした。また、招待客も親のつながりで呼ばれる人が多く、極端な例では新郎新婦の顔も知らない名士などが主賓として座ることも多々ありました。今は、新郎新婦自身が招待客を選び、本人が挨拶をすることがふつうになっています。

これもやはり、**新郎新婦が経済的にも社会的にも一人前の大人であり、すでに独自のコミュニティを形成しており、そのつきあいを中心に招待客を選ぶようになった**からだと思われます。

◆披露宴は、誰が主人公なのか

さらに、仕事の都合などですでに実家を出て一人暮らしをしているなど、親世代の住む地域社会とのつながりも薄くなっています。

結婚披露宴とは、自分の属するコミュニティの主要なメンバーを一堂に招き、結婚を報告すると共に、自分の伴侶を紹介し、今後は夫婦という単位で活動していくことを披露する場です。**かつて、親世代が「子どもたちを今後ともよろしくお願いします」と自分の仲間や地域社会に対して披露した頃からは、そういった面でも時代と共に変化をしてきている**のです。

誰が主人公なのか、誰のために開くのか。

それによって、挨拶をする人や招待状の名前も変わってくるのです。

◆世間に感謝を伝える披露宴では、親や親族は末席

結婚披露宴の席順というのも、昨今では柔軟になってきていると聞きます。

かつては、壇上の高砂（たかさご）席に新郎新婦と仲人が座り、地域の名士や新郎の上司が主賓として上席につくのが定番でした。その場合、両家の親や親族は招待する側とし

て末席に座ることになります。

現代では、新郎新婦の二人が名実共に主催者となっていることがほとんどですが、**招待客は会社の上司や同僚、学校時代の恩師や友人など、社会的なつながりの深い人物であり、そちらを優先するため席順はほとんど変わりません。**今も両親や親族は、主催者側の身内として末席に座るのが妥当です。

◆招待客は、主役の二人に恥をかかせない装いで

結婚披露宴に招待されたら、まず迷ってしまうのが当日の装いです。

会場はホテルの宴会場なのか、一軒家レストランか、それともガーデンパーティーなのか。時刻は午前か午後か、それとも夜か。季節や招待客の顔ぶれや人数、立食か着席かといったさまざまな要素によって、ふさわしい服装は微妙に変わってきます。

スマートカジュアルといったドレスコードが書かれている場合もありますが、これも捉え方でずいぶんと幅があります。

ホテルの宴会場を例にとると、新郎新婦の両親や家族であれば、男性はブラックタイや紋付羽織袴、女性はロングドレスや黒留袖、振袖といった正装が望ましく、

友人知人、会社関係といった間柄ならダークスーツやワンピースなどの略礼装がふさわしいでしょう。

大切なのは、新郎新婦よりも目立ちすぎないことと、その場のスタンダードから大きく外れて空気を乱してしまわない装いであること。

そのためには、招待された者どうしで情報交換をしておくのが肝心。会場の雰囲気に似つかわしく、かつおめでたい席にふさわしい装いを心がけましょう。

◆ご招待を受けたら、できるだけ早く返事を

結婚披露宴への招待状を受け取ったら、まずはすみやかに返事を送ります。

口頭ですでに出席の意志は伝えたから葉書は返信しなくてもいい、と考えるのは間違いです。招待客からの返事をとりまとめるのが新郎新婦とは限りませんし、口頭のみの返事では忙しさに取り紛れて忘れてしまうこともあります。

必ず、返信葉書に記入の上、早めに投函しましょう。

◆スピーチを頼まれたら、忌み言葉に注意

結婚式や披露宴では使ってはいけない「忌み言葉」があります。「別れる」「切れ

返信葉書の書き方例

・「御」「御欠席」「御芳」を二重線で消す。
・「出席」または「欠席」を○で囲む。
・「出席」「欠席」の前後に、「～いたします」「残念ですが～いたします」などを追記すると、行き届いた印象に。
・出席の場合は、お祝いの言葉を添える。
・欠席の場合は、欠席の理由を添える。

出席の場合

御出席　いたします。
御欠席
お祝いの言葉を添える
どちらかを○でお囲みください。
御住所　東京都千代田区一ツ橋○-○-○
御芳名　鈴木○○

欠席の場合

御出席
残念ですが
御欠席　いたします。
欠席の理由を添える
どちらかを○でお囲みください。
御住所　東京都千代田区一ツ橋○-○-○
御芳名　鈴木○○

る」「欠ける」「冷める」といった不幸や苦労につながる言葉はわかりやすいのですが、「しばしば」や「まだまだ」などの重ね言葉も、離婚や再婚を連想させるとして使うべきではないとされています。

あまり神経質になる必要はありませんが、スピーチなどを頼まれたらなるべく忌み言葉は避けるよう気をつけて、あらかじめ原稿を書いておきます。**「短い時間」を「つかの間」と言い換えるなど、ネガティブな表現をポジティブな言葉に置き換え、**時間をかけて準備しましょう。

◆スピーチでは寿ぐメッセージを伝えたい

スピーチは長すぎることが最もよくないとされています。自宅で何度か声に出して読み上げ、長くても5分以内におさまるように調整しておきます。

内容は、最初に新郎新婦や両親への祝福の言葉を述べ、次に自己紹介と新郎新婦との関係を説明します。続いて自分だけが知っているエピソードや、学生時代の活躍ぶり、個性を物語るような出来事について話します。最後には、**今後の生活を寿ぐメッセージを添えて結びましょう。**

●気をつけたい重ね言葉と言い換え例

たびたび↓よく　わざわざ↓あえて　近々↓近いうちに

いろいろ↓多くの　くれぐれも↓十分に

葬式編

◆準備期間のないのが葬式

訃報は突然やってきます。

葬式に臨むにあたって、他の冠婚祭といちばん異なるのは、準備の時間がほとんどないということです。

報せを受けてどうするか、失礼にならない装いや正しい弔意の示し方はどうだったか……。昨今は知人や隣人の葬式に参列する機会が少なくなっていることから、いざとなった時にあわてることも多いでしょう。ましてや遺族側は、精神的な痛手を受けている中でさまざまな支度をしなければなりません。

できれば日頃から、**お通夜や告別式に備えて季節ごとの衣服やバッグ、靴などを用意しておき、数珠や袱紗などの置き場も決めておきたいもの。**動転しながらでも必要な身支度を整えることができるでしょう。

かといって、葬式に対していつも準備万端というのも、それはそれで不自然です。突然もたらされる親しい方の訃報に対し、心残りのない対応ができるよう、心がまえだけはしておきたいものです。

◆葬式が担う社会的な役割

冠婚葬祭の四大儀礼の中で、葬式は特に社会的な意味が大きいように思われます。かつては新聞に大きな死亡広告欄があり、地方紙などでは一面を使うところもありましたが、今では少なくなりました。それは、亡くなったという事実を広く社会に知らせることが必要だったからと考えられます。

現代では葬式そのものも小規模になりつつあり、逝去したことを周囲に知らせるのも、SNSを使ったり個人的に一斉メールで送信したりといった手段がよく取られます。その場で知らせるまでもない間柄の人には、年賀状の代わりに喪中葉書を出すことで亡くなったということを報告する人も多いでしょう。

そんな現代においても、葬式というのは単に個人と個人の関係を越えて、社会のつながりのあり方を再確認したり、整理をしたりする機会であると思うのです。ご遺族への共感、共通の友人や知人との再会、思わぬつながりの発見など、葬式を通じて自分が属する社会の関係を感じることもままあるはずです。

◆きちんと別れることで心の整理がつく

葬式の意味はもうひとつあります。

それは、**葬式に参列して祭壇の前で手を合わせ、ご遺族や知人と話をすることで、気持ちの整理がつき、心の安らぎを得られるということです。**亡くなったことを知らず、喪中葉書や人の噂で知った場合は、なんとも気持ちのやりどころがないものです。親しかった方に対しては、できることなら悔いなくお送りしたいと思うものです。

それだけに、葬式というのはたいへん重要でおろそかにしてはならないと、私は常々感じています。

◆忌み言葉など、タブーが多いのが葬式

結婚式に関する忌み言葉にもまして、葬式には忌み言葉やタブーが数多く存在します。

葬式での忌み言葉の例としては、まず、重ね言葉があります。「重ねがさね」「次々に」「繰り返し」「たびたび」「ますます」「くれぐれも」のように、不幸が重なることを連想させる言葉は使いません。

また、**生や死に対する直接的な表現も使いません。「死亡する」や「亡くなった」は、「他界する」「ご逝去」などに言い換え、「生きていた頃」「生存中」などは「お元気だった頃」に、「事故死」「病死」などの死因について葬儀の場で言及するのは避けましょう。**

大切なのは、遺族に対してかける不用意な言葉や、葬儀での失礼なふるまいにより、ただでさえ心痛の深い遺族をさらに悲しい気持ちにさせてしまってはならないということ。葬式では、どの儀式よりもよりいっそうの繊細な気づかいが必要です。

遺族側のタブーは、故人の棺に生きている人の写真は入れないなどがありますが、葬儀社から説明があるので、くわしく知っておく必要はありません。

●葬式で避けたい忌み言葉と言い換え例

再び→今一度　追って→後ほど

引き続き→これからも　忙しい→多用

◆どんな時でも遺族の心情を優先

葬式全般において、何よりも優先すべきは遺族の心情です。それは、他の冠婚祭の祝いごととは人と人との距離の取り方が変わってくるからです。

祝いごとの儀式に関しても、基本は相手の都合や考え、心情を慮り優先させることは同じですが、葬式ではそこはさらに厳しく守りたいものです。

◆葬式の装いも遺族を慮って

お通夜や告別式に列席する際の服装は、今では一般的にどちらも喪服とされているようですが、もともとは少し事情が違っていました。

お通夜というのは、突然の訃報を受けて取るものも取りあえず駆けつけるものです。むしろ喪服で固めて伺うというのは、準備をしていたかのようで失礼にあたるとする考え方が、かつては主流でした。

現代においても、アクセサリーや派手な時計などは外し、**地味な色合いの装いであれば、平服でお通夜に伺っても問題はありません。**

原則として、喪服というのは遺族や近親者が喪に服していることを示すための服装で、喪章も同様です。ですので、身内ではない参列者は必ず喪服でなければならないというわけではないのです。もっと言えば、紋付のきものの喪服は第一正装とされ、配偶者や子どもなどの近しい遺族のみが身につける決まりです。そのため、弔問客がきもので参列する場合は、地味な色の無地のきものに黒の帯というふうに、格差をつけることが正しいとされています。

◆悪目立ちしないことを心がける

とはいえ、昨今のようにほとんどの人がお通夜も告別式も喪服で参列するのがふつうになっている中で、その正しさや考えを押し通すのもいかがなものかと思われます。また、地域や家によってそれぞれの習わしが決まっている場合もあります。

葬式とは、深い悲しみの中にある遺族と共に、故人を弔う場です。**あくまでも遺族の心情を優先し、悪目立ちせず場にふさわしい装いを心がけたい**ものです。

◆報せを受けても、すぐに遺族に連絡しない

関係者から訃報がもたらされた時、すぐに遺族に直接連絡を取ろうとするのは控えましょう。おそらくは、いまだ深いショック状態の中で葬儀の準備に追われるという、混乱の渦中にあると思われるからです。そうした事情を考慮し、これ以上のご負担はかけないようにしたいものです。

ここでできることは、**故人の共通の知人や仕事の関係者などと連絡を取り、お通夜や告別式の日時や場所、葬儀の種類、偲ぶ会などが開かれる予定なのかどうか、花や弔電の宛先はどこか、といった情報を集めること**です。それがわかれば、その後弔問の予定を立て、スケジュールを調整することができます。

◆心を込めた弔意を、迅速に伝える

遺族にはすぐに連絡を取らないと前項で述べましたが、逆の場合ももちろんあります。故人と非常に親しい関係で、なおかつ日頃から家族とも懇意にしている間柄ならば、何をおいてもまず駆けつけたいものです。

故人に最後の別れをさせていただき、遺族と悲しみを共有することで、互いに慰

められる一瞬が訪れるのではないでしょうか。こうした行為は、自身の動揺や心の痛みに対処する意味でも大切なことだと思います。葬儀の準備など手伝いを申し出、できることには積極的に参加させていただくのもよいでしょう。

◆自分の気持ちも大切に。弔電はどんな時にもOK

昨今は、お通夜や告別式へ伺うこと、供花(きょうか)を送ることを遺族が辞退されるケースも多くなっています。そんな時でも、弔電を送ることに躊躇はいりません。

いまだお悔やみを受け入れられない遺族の心情に寄り添いつつも、できるだけ負担のかからない方法で**心のこもった弔いの気持ちを伝えるのは、遺族の慰めにもなり、自分なりの心の整理、グリーフケアにもつながる**ことです。

◆家族葬と密葬。違いを理解し、適切な対応を

コロナ禍を機に大規模な告別式が減っています。

故人が高齢だった場合などは、家族葬ですますという連絡が来ることもしばしばです。また、似たようなニュアンスで密葬という言葉もよく使われます。まずはこれらの意味と違いを正しく理解しておきましょう。

家族葬とは、文字通り故人の家族や近親者のみで一度きり行う小規模な葬式のことです。それ以外の人にはほとんど知らせず、葬式をすませたあとに報告することもよくあります。

一方の**密葬とは、後日あらためて本葬を行うことを前提とし、それよりも規模を小さくして行う葬式の意味**です。著名人や政治家、企業の経営者などが亡くなった時に、まず家族や近親者、親しい友人だけで密葬を行い、その後、死亡の事実を公にし、一般参列者なども受け入れる本葬を執り行うという例がよく見られます。

つまり、密葬の場合は小規模とはいえ近親者だけではなく、厳選した参列者のみに知らされ、それ以外の人には本葬をご案内することになります。混同されがちな家族葬と密葬の違いを覚えておきたいものです。

ところで、これら家族葬や内々で行う密葬が主流になりつつある昨今、あとから報せを受けとった方から遺族に「お別れに伺いたい」「お線香を供えたい」という申し出が相次ぎ、そのつど対応を迫られることが往々にしてあると聞きます。この点は見逃されていることではないかと思われます。

◆本来は近しさから決まる、お通夜と告別式

お通夜と告別式、スケジュール的にどちらも列席できるとなった時、両方とも行っていいものだろうかと迷うかもしれません。故人と親しい間柄であれば、もちろんどちらも列席してかまいません。心を尽くしてお別れをしたいものです。

そもそもお通夜は、文字通り夜を徹して故人の魂を守るという意味があり、本来は親しい人たちだけで行ったものです。よって、仕事の関係者などでそれほど深い関係ではなかった場合は、告別式に参列します。

現在、**お通夜なら仕事帰りに行きやすいからといった理由から、告別式に行けない人の受け皿のようになっているようですが、お通夜と告別式への参列は、故人との近しさの差によって決まることを覚えておきたい**ものです。

お通夜と告別式の両方に参列する場合は、御香典などはお通夜に持参します。なお、納棺前に弔問した際に金封をお渡しするのは避け、あらためて通夜や告別式に持参します。

◆宗教により作法もさまざま。迷ったら深々と一礼を

日本における葬儀の多くは仏式で行われていますが、キリスト教式、神式などに列席する機会もままあります。また、同じ仏式であっても宗派によって数珠や焼香の作法がわずかに違っていたりします。

基本的に、お通夜や告別式ではそれほど厳密に作法は問われません。故人や遺族の宗教に敬意を表することが第一です。焼香や献花、賛美歌斉唱などは、周囲の人のふるまいを真似、進行の方の指示にしたがって行い、その結果少々間違っていても問題ありません。

数珠や焼香については、日頃自分の宗派でやり慣れている作法のままでいいでしょう。それ以外は、**自分のやり方を押し通すのではなく、郷に入れば郷に従うという姿勢で、空気を乱さないようにふるまいましょう。**

焼香や献花の正しい作法がよくわからない場合は、深々と一礼します。これは世界共通に心を込めた動作として受け取られるので、覚えておきましょう。

仏式の代表的な焼香例

宗派によりルールが異なる。代表例は下記のとおり。

1 遺影を見て一礼したあと、前に出て、合掌。

2 香をつまみ、軽く目の高さまで捧げたら、
香を香炉にくべる。

3 合掌したあと、一礼。後ろに下がる。

神道の場合の作法

仏式の焼香にあたるのが「玉串奉奠」。榊に紙垂をつけた玉串を神様の正面になるよう向けて奉納し、「二礼二拍手一礼」する。

1 玉串を目の高さまで捧げる。

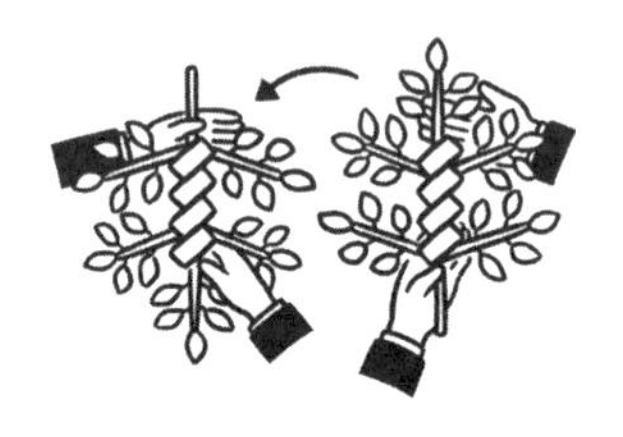

2 玉串を図のように、神様に正面が向くように回す。

3 玉串を台に置く。

4 一歩後ろに下がって、二礼する。

5 葬式では、音を立てず静かに二拍手したあと、最後に一礼する。

◆心得ておきたい、不祝儀袋と表書き

お通夜や告別式、あるいはその後の法事に伺う時は、御香典や玉串料などの金封を持参します。近頃では「御香典などは一切受け取りません」という葬式も増えていますが、念のため用意はしていきましょう。

表書きは、葬式をとりおこなう宗教によって変わります。

仏式では、死後49日までは「御霊前」(浄土真宗だけは「御仏前」)。四十九日法要を行い成仏してからは「御仏前」。法要の日付が不明な場合は「御香典」「御香料」でも。神式では「御玉串料」「御榊料」「御神前」など。キリスト教のプロテスタントでは「御花料」「献花料」など、カトリックでは「御花料」「御ミサ料」などです。

ちなみにお通夜や告別式なら「御霊前」の表書きは宗教宗派を問わず使ってよいので、どんな宗教でとりおこなわれるか不明な時などは、こちらを用意します。

それぞれの宗教で使われる不祝儀用の金封は、文具店などで説明書きをよく読んでから購入しましょう。また、**仏式の不祝儀袋の表書きは、薄墨で書くことをマナーとしている場合もあります。**濃薄両用の筆ペンなどは常備しておきたいものです。

◆香典は助け合いの意も。奇数の切りのいい金額を

仏式でいう「御香典」とは、もともと故人に供えるお香（焼香）のことを指します。時を経て、しだいに「ご家族が亡くなって何かと物入りなことでしょう」という相互扶助、助け合いの意味を込めたものになってきました。金額の相場としては、故人との関係性の深さや地域にもよりますが、祝儀の場合よりも概して低いようです。また、金額は偶数を避け、切りのいい額を包みます。**新札を入れるのは、不祝儀を待ち構えていたという印象を与えるので避けたほうがよいとされています。**とはいえ、あまりに汚れたお札では失礼にあたるので、折り目を付けるなどすることが多いようです。

●香典に包む金額の相場

多すぎるとかえって失礼にあたるとも言われる。それぞれの事情を鑑みて判断を。

○近隣関係であまりつきあいのない場合　3千円〜5千円程度
○友人知人、会社の上司や同僚など　3千円〜1万円
○祖父母や伯父伯母　渡す側が若い場合　5千円〜、一般的に1万円〜

◆複数で渡す不祝儀は序列順に名前を記入

不祝儀の金封は、複数人でまとめて持参する場合が多くあります。

その場合、3人までは表書きの下半分に全員の氏名と、必要であれば所属する会社名や団体名を連記します。4人以上の場合は、会社名や団体名を書き、その下に「一同」と書き添えます。全員の氏名と住所、金額については、別紙に記入して同封します。**名前の並び順は、役職の高い順、あるいは年齢順、または五十音順などで、上位の人から右側に記入します。**

また、中袋には住所・氏名・金額などを、のちのちに整理する遺族の身になって正確に書きましょう。上包みは不幸がこぼれ落ちるように上側を下にかぶせます。

◆初七日、四十九日。7日ごとに故人を偲ぶ

仏教では、死後7日目ごとに死者は生前の行いを裁かれると言われています。罪が裁かれるにあたって、遺族が祈ることでその罪が軽くなると考えられ、そのため7日ごとに7週間にわたり極楽浄土への成仏を祈って追善供養を行います。最初の7日目を「初七日」と呼び、少し繰り上げて告別式と同日に行うこともあります。

また、7回目の四十九日には裁きが終わり、来世の行き先が決まり成仏するとされていることから「満中陰（まんちゅういん）」とも呼ばれ、たいへん重要な法要が行われます。この四十九日法要には親族以外も列席することがありますが、その場合の装いは喪服が一般的です。**四十九日までは忌中とされ、親族は喪に服すことになり、祝いごとへの出席や初詣、新年の挨拶も控えるとされてきました。**法要を終えて忌明けとなると、葬儀の列席者にその旨を知らせる手紙を添えて、香典返し（香典額の半額程度）を送ります。

◆忌明けのご挨拶は、遺族からの感謝の気持ち

仏教では四十九日法要をすませたタイミングを忌明けとしますが、神道では五十日祭をもって忌明けとし、参列者へのご挨拶を送ります。

キリスト教には喪に服す習慣がなく忌明けは存在しません。しかし、葬儀が終了したことへのお礼や、参列への感謝、近況報告を兼ねて、50日前後が経過した頃にご挨拶を送りたいものです。

遺族がその後、無事に暮らしていることを知らせる意味もあります。**悲しみの中から、周囲の力を得て少しずつ心を整え、社会生活に復帰するための時間が、現代**

金封の表書き

	金封		用途	表書き
慶事	寿 鈴木○○	紅白・金銀 結びきり	結婚 結婚のお返し	「御祝」「御祝儀」「寿」 「内祝」など
慶事	御祝 鈴木○○	紅白・金銀 蝶結び	一般 祝いごと全般 一般のお返し	「御祝」「御祝儀」「寿」 「内祝」「御礼」など
弔事	御霊前 鈴木○○	白黒 結びきり	仏式の通夜、 告別式、法要、 弔事のお返し	「御霊前」「御仏前」「御香典」「御供」「御布施」 「志」など

【その他の表書き例】

「寸志」(ちょっとした人への心づけ)

「松の葉」(あらたまった席へ来てもらう挨拶の品に)

「進呈」「粗品」(軽い気持ちで物を贈る時など)

「御餞別」(送別の時)

「御見舞」(病気や災害の時)

「快気祝」(全快した時)

の忌中・喪中なのかもしれません。

祭編

◆祖先や神仏に感謝を捧げる行事

祭とは本来、祖先や神仏を祀り、日頃の無事の感謝を捧げるものです。法事や回忌のほか、歳神様（としがみさま）を迎える正月や先祖を迎えるお盆、先祖を供養するお彼岸などの行事も含まれます。**これらを大切にする人は、社会的にも人間的にも信頼できる人と言える**のではないでしょうか。

また、宮中に始まりを持つ季節ごとの年中行事やお墓参りなども、広くこの祭に含めてよいのではないかと思います。

◆正月は歳神様、盆はご先祖様のため

さて、「盆と正月」という言葉があるように、日本人にとってお正月とお盆はとても大きな意味があります。今では海外旅行などのレジャーのための長期休暇と考え

る人も多いのですが、このふたつは神様と仏様（ご先祖様）を家に迎えるというたいへん重要な宗教行事なのです。

まずお正月は、歳神様が一年の初めに来られるのをお迎えする行事です。そのために家中を清め、家族全員が揃って晴れ着を身につけてご挨拶し、一年の平穏を祈り、家族全員の無事を感謝します。

一方お盆は、ふだんはあの世におられるご先祖様が、この期間だけお帰りになる行事。家族みんなでお迎えし、一緒に過ごし、またお送りするものです。つまり、**お正月とお盆は家にいるということが本来の約束ごと**です。

◆お墓参りは先祖供養と心の清浄

お墓に参る行為は、先祖供養の基本です。毎月の月命日や春秋のお彼岸にお参りするという家も多いことでしょう。

きれいに掃除をして花、水、線香を供え、生前の好物なども置いて手を合わせることは、先祖のためというよりもむしろ今生きている私たちの心の清浄や平安につながるのではないかと思うのです。

ところが、いつも不思議に思うのは、お盆にだけお墓参りをするという習慣です。

地方や宗派によってもさまざまな考え方があるようですが、先に述べたようにお盆はご先祖様が家に帰って来られる時。その時期にお墓に行っても留守にされているはずです。留守の間にお墓を掃除するのはいいのですが、お盆にだけお墓参りをして手を合わせるというのは、少し疑問に感じます。

◆お中元お歳暮は、感謝とお礼を伝えるもの

お中元やお歳暮も、会社関係や稽古ごとなどにその風習が残ってはいるものの、今では毎年贈り贈られるという人は少なくなっているようです。

このふたつは一緒にくくられがちですが、起源は同じではありません。

お中元は、古代中国の暦に呼ぶ三元(上元、中元、下元)に先祖にお供えをする習わしが日本に伝わり、そのうちの中元がお盆の行事と重なって贈答の風習として残ったもの。一方お歳暮は、年の変わり目に先祖の霊を迎えて祀る「御霊祭(みたままつり)」の名残であり、年越しの供え物が贈答の習慣となりました。

これが長い年月のうちに風習として定着した理由は、**一年の折り返しと終わりの時期に互いに感謝の気持ちを贈り合うというのが、日本人の季節感や気質、宗教観にもそぐうものであった**からでしょう。疎遠になりがちな相手にも、この風習のお

かげで感謝を伝え続けることができるのは、先人の知恵とも思うのです。

お中元を贈る時期は、地域によって異なります。関東や東北では新暦の7月15日まで、それ以外の地域では8月15日までに贈るところがほとんどです。送り先の地域に合わせて忘れずに手配したいものです。

お中元お歳暮は、先祖へのお供えではありませんが、日頃の感謝とお礼を伝えるという意味で、祭に含めておきたいと思います。

◆節目となる法要と回忌。お参りする場合の心得

仏教における**法要とは、故人の冥福を祈り、僧侶による御経を上げて供養をすること**。これに会食など前後の行事を含めたものを法事と呼びます。法要は、大きく分けると忌日法要（きじつほうよう）と年忌法要（ねんきほうよう）に分かれます。

忌日法要とは、葬式の項で述べた7日ごとの法要や、お墓に納骨する納骨法要、新しくお墓や仏壇を購入した時の開眼（かいげん）法要などがあります。

年忌法要とは、命日に合わせて供養するもので、1年目（一周忌）、2年目（三回忌）、6年目（七回忌）、12年目（十三回忌）、16年目（十七回忌）、22年目（二十三回忌）、26年目（二十七回忌）、32年目（三十三回忌）があります。三十三回忌で年忌明けとすることが

一般的ですが、五十回忌、百回忌の法要も、古い家では行うところもあります。

◆年忌法要の装いは地味な平服で

忌日法要は葬式の項でご紹介しましたが、年忌法要は祭に分類されます。原則は命日の当日に執り行いますが、平日などで集まりにくい場合は、命日の前後などに行います。**年忌法要には親類縁者や親しかった友人なども参列する**ことがあります。その場合の装いは、三回忌までは喪服を着るのが一般的です。それ以降は地味な色合いの平服で問題ありません。

参列する際は、御香典やお供えを持参しますが、年忌法要は突然知らされる訃報とは異なり、日時がわかっているので表書きを薄墨で書くことはありません。

◆五十回忌、百回忌を越えればむしろ慶事。祝儀袋を使う

五十回忌で弔い上げ、亡くなって99年目にとりおこなわれる法要が百回忌です。この頃になれば、当然ながら故人を知っている人は誰もいません。それでも忘れずに**法要を行うというのは、その家が長く続き、繁栄し、変わらずに先祖を大切に祀っているということの証**でもあります。

そのため、五十回忌や百回忌を超す法要はむしろお祝いとしてとらえられます。参列する場合は、白黒の不祝儀袋ではなく、黄白あるいは紅白の祝儀袋を用意しましょう。千利休を祖とする京都の三千家（武者小路千家、表千家、裏千家）では、命日の旧暦2月28日に合わせて毎月28日に法要を行っています。没後400年以上を経て今も多くの人に菩提を偲ばれるということは、これ以上ないめでたいことであると、いつも感じています。

◆仏前に供えるのは、極楽浄土を再現する香華灯明（こうげとうみょう）

仏教の教えでは、仏様はお香の煙と花、そして灯明を好まれるとのことです。この3つを総称して「香華灯明」と呼びます。これは極楽浄土の世界を表すという意味があり、**煙は浄土にたなびく紫雲のこと、そこに咲く花々や降り注ぐ明るい光を再現しており、これが最高の供養になる**と教えています。

お寺に行くと、この3つが絶やすことなく供えられているのに気づかれるでしょう。仏壇でもお墓でも、この「香華灯明」がお参りの基本となります。

知っておきたい二十四節気と年中行事

二十四節気*		年中行事	行事内容や食事
立春（りっしゅん）	2/3〜2/17頃	2月3日頃　節分	神社や家庭で豆まきをし、年の数だけ豆を奉納。鰯や恵方巻きを食べる地域もある。
雨水（うすい）	2/18〜3/4頃		
啓蟄（けいちつ）	3/5〜3/19頃	3月3日　桃の節句	桃の節句は白酒、桃の花、菱餅、ひなあられなどを供え、蛤やちらし寿司を食べる地域も。
春分（しゅんぶん）	3/20〜4/3頃	3月28日　利休忌**	千利休の祥月命日（新暦3月28日）の法要を武者小路千家が行っている。
清明（せいめい）	4/4〜4/19頃	4月8日　灌仏会（かんぶつえ）	灌仏会はお釈迦様の誕生を祝う花祭り。誕生仏が祀られ、甘茶をかけて子どもの健康を祈願する。
穀雨（こくう）	4/20〜5/4頃	5月初旬　初風炉（しょぶろ）**	初風炉は夏の点前となる最初の茶席のこと。
立夏（りっか）	5/5〜5/20頃	5月5日　端午の節句	武者人形を飾り、鯉のぼりを立てる。柏餅や粽を食べ、男子（現在は男女）の成長を祝う。菖蒲湯に入る風習も。
小満（しょうまん）	5/21〜6/4頃	6月1日　更衣（ころもがえ）	
芒種（ぼうしゅ）	6/5〜6/20頃		
夏至（げし）	6/21〜7/6頃	6月30日　夏越（なごし）の祓（はらえ）	神社で半年間の穢れを祓い、残り半年の無病息災を祈念する。参拝方法は茅（ち）の輪（わ）をくぐり、大祓（おおはらえ）を受け人形（ひとがた）に息を吹きつける。
小暑（しょうしょ）	7/7〜7/21頃	7月7日　七夕祭	七夕は五節句のひとつ。関東では6月下旬から7月15日までにお中元を贈る。それ以降は「暑中お伺い」。
大暑（たいしょ）	7/22〜8/6頃	8月1日　八朔（はっさく）	京都花街では旧暦8月1日に挨拶回りをしたことから、この日からお盆までにお中元を贈るとされている。

二十四節気	時期	年中行事	説明
立秋（りっしゅう）	8/7〜8/22頃	8月13日〜16日 盂蘭盆会（うらぼんえ）	
処暑（しょしょ）	8/23〜9/6頃		
白露（はくろ）	9/7〜9/22頃	9月9日 重陽（ちょうよう）の節句	重陽の節句は菊の節句とも呼ばれる。奈良時代から宮中では観菊の宴が催された。
秋分（しゅうぶん）	9/23〜10/7頃	9月中旬〜10月上旬 中秋の名月	旧暦8月15日夜が中秋の名月。秋の七草、月見団子やお萩を供える。
寒露（かんろ）	10/8〜10/22頃	10月1日 更衣	
霜降（そうこう）	10/23〜11/6頃	11月初旬 炉開き＊＊	炉開きは、茶の湯の正月にあたる。
立冬（りっとう）	11/7〜11/21頃	11月15日 七五三	七五三のお参りと祝いは、11月15日前後の週末に行うことが多い。
小雪（しょうせつ）	11/22〜12/6頃	12月8日 成道会（じょうどうえ）	成道会はお釈迦様が悟りを開かれた日。
大雪（たいせつ）	12/7〜12/21頃	12月13日 事始め	かつて旧暦12月13日を事始めとしたことから、正月を迎える支度に取りかかる。京都ではお歳暮もこの日から贈る。
冬至（とうじ）	12/22〜1/4頃	12月31日 大晦日	注連（しめ）飾りや門松、鏡餅を飾るのは、29日（二重苦）や31日（一夜飾り）を避け、28日までに。
小寒（しょうかん）	1/5〜1/19頃	1月1日 お正月 1月7日 人日（じんじつ） 1月初旬 成人の日 1月15日 小正月（こしょうがつ）	正月は家に歳神様を迎える行事。家族揃ってお祝いをし、お屠蘇をいただき、お節料理をいただく。 人日は五節句のひとつ。七草粥を食べる。 小正月までを松の内とする地域が多い。小豆粥を食べる。
大寒（だいかん）	1/20〜2/2頃		

＊二十四節気・年中行事の日にちは、2025年を例にしています。　＊＊茶の湯の行事

手紙・メール編

インターネットやスマートフォンの普及によって、今やいくつもの通信手段を使い分けられる時代になりました。

伝えたい内容、相手との関係などによって、そのつど最適な通信手段を選んでいくわけですが、ビジネスの場に限らず、効率や速度、かかる費用などから、今や電子メールやメッセンジャーアプリといった手段が中心になっています。手紙を使うことはぐっと減っていますが、しかし、変わらないのは相手に自分の思いを伝えるのが目的であるということ。どんな手段も基本は変わりません。それぞれの特色を生かして使い分けていきたいものです。

◆今の時代における手紙の意義

10年も経てばまた新しい通信手段が生まれ、それが主流になる可能性もある中で、便箋に手書きで文章をしたため、封筒に入れて送るという手紙は、はたしてどうなっていくのでしょうか。

私は、実は手紙という通信手段は、ずっとなくならずに続くと思っています。それは、**手紙が送る側の気持ちや個性を最も相手に伝えることができる**という理由からです。手紙に込められた思いは、書かれた内容と共に、受け取る側に濃厚に伝わるもの。手書きの私信というものをほとんど受け取らなくなった今だからこそ、あえて手紙を選ぶことが有効な場面もあるのです。

◆封筒の選び方で表現する、相手へのメッセージ

正式な文書や私信は、茶封筒や模様の入ったものではなく、白い無地の封筒と便箋を使うのが一般的なマナーと言われています。けれど私は、それではやや味気ないのではないかと考えています。

もちろん、**詫び状やビジネス上のやりとりなどは白封筒と便箋がふさわしいのですが、お礼状や季節のご挨拶などには、好みの柄が入った封筒と便箋を選ぶのも一興**ではないかと思うのです。私自身、送り主の人柄がしのばれるようなレターセットで手紙をいただくと、それだけでうれしくなります。

私は以前から唐招提寺で作られているレターセットを愛用しています。お寺の宝物などの文様が版画で薄く和紙に印刷された意匠がとても気に入っており、お寺を

訪ねた時にはまとめて購入し、ストックしています。

季節の花が描かれた便箋を使うだけでも、相手に旬を迎えた喜びを伝えるメッセージになります。封筒や便箋の選び方ひとつで、相手への思いや気づかい、親しみの感情などを表現することができる。それが結果的にはよりよいコミュニケーションにもつながるのではないかと思うのです。

◆切手や便箋で自分の個性を表現する楽しみ

便箋封筒と同じく、切手の選び方にもちょっとした気づかいや遊び心が感じられると、届いた時にうれしく感じます。切手とは、洋服でいえばネクタイのような存在。装いの中で1点個性や趣味を表現できるアイテムではないかと思います。

記念切手で気に入ったデザインのものを買って保管しておくと、季節に応じて選ぶことや、相手の好みを想像して使うことができます。共通の趣味を持つ人への手紙なら、それにまつわる切手を貼ったり、お祝いの手紙なら慶事用のめでたい切手を使ったり。受け取った相手が、切手に託した思いを汲みとって楽しんでくれたなら、さぞうれしいことでしょう。

また、昨今は郵便料金の値上がりのペースが速く、ふと切手を貼ろうとしていくらが適当なのか迷うことがあります。そんな時は、二枚一組の記念切手など少し多めの金額の切手を貼っておくと、不足する心配がない上に趣向を添えることができ、相手にも喜んでもらえるのではないでしょうか。

切手選びやレターセット選びは、むしろ自分の楽しみのひとつとして捉え直してもいいのではないかと思います。

◆一筆箋はビジネスシーンで大活躍

ミュージアムショップや寺社などでよく売られている一筆箋ですが、まとまった内容の私信を書くにはやや不便です。

むしろ、ビジネスのやりとりの中で資料や参考図書、サンプルなどを郵送する際に、一言ご挨拶をしたためて同封するのに活躍します。

資料類などが送られてきた時に何もメッセージが添えられていないのは、少し不親切な印象を受けます。**付箋に一言書いて貼ってあるだけで、気づかいが感じられるというもの。**一筆箋に宛名とご挨拶、同封するものの内容などを手書きで添えておくと、プリントアウトした文書よりもよほど印象に残るのではないでしょうか。

◆お礼状は、感謝の気持ちが最も伝わる手段で

お祝いなどで贈り物をいただいた時には、できれば封書のお礼状で感謝の気持ちを伝えたいものです。おおぜいの方から一時期に贈られた場合などは、すべてのお礼状を手書きで書くことがたいへんなので、印刷した文章に一言肉筆で書き加えるか、あるいはサインを書き添えましょう。

ほかにも、就職や結婚などでお世話になったり、貴重な物品を譲っていただいたりした時など、重い内容のお礼を伝えたい場合にも手書きの封書がふさわしいでしょう。

一方、食事をご馳走になったり、人を紹介してもらったりといった**日常的な内容のお礼なら、時間をおかずに電子メールやメッセンジャーアプリで感謝を伝えるのが適当**かもしれません。

◆意外性もある葉書でのお礼

軽いやりとりであっても、葉書に手書きでお礼の気持ちを書いたものが届くと、意外性もあってとても印象に残るものです。好きな画家の絵や写真家の作品をモ

チーフにした絵葉書をストックしておけば、そんな時も困りません。**絵葉書をメッセージカードとして使い、封筒の中に入れて送れば、とても行き届いたお礼状となります。**

お礼状は、その内容だけでなく、相手との関係や、感謝の気持ちが最も伝わりやすいと思う手段を選びたいものです。

◆今どきの年賀状は、何年も会っていない人にこそ

ここ数年、年賀状の発送枚数は減少の一途をたどっているようです。私宛てに届く賀状の中にも、同世代の方であっても「今年をもって年賀状を差し上げるのを控えたい」という文言が添えられているものがあります。

新年のご挨拶そのものが、メッセンジャーアプリなどでやりとりされているのであれば、いずれ年賀状の役割はなくなっていくのかもしれません。

ただ、年賀状ならではの意味もたしかにあるのです。たとえば、何年も会っていない人でも、年賀状のやりとりさえしていればおおよその近況というものがわかっています。今どこに住んでいて、どんな仕事をしているのか、といったことが、一年に一度のやりとりであっても互いに把握し合っているわけです。そうすると、も

しも久しぶりに連絡を取りたくなった時や、どこかで偶然に出会った時も、すぐに以前の親しさに戻ることができるのです。

メールアドレスやメッセンジャーアプリのIDを知っているからといって、何年も会っていない人に突然連絡を取るのは、いささか気が引けるものです。もしかするといつのまにか連絡先が変わっている可能性もあります。

何年も会っていない、連絡を取っていない人だからこそ、年賀状のやりとりだけは続けておきたいと思うのです。とはいえ、多忙な人にとって、年末の年賀状制作は気が重いはず。印刷の賀状で十分ですが、一言でもいいので肉筆で書き添えたいものです。宛名も本文もすべて印刷では味気ないものですから。

◆ビジネスメールは簡潔に

ビジネス上ではまだまだ主流のメール。基本はやりとりする人全員にとってわかりやすく、履歴がたどりやすいこと。それには、**件名も本文も簡潔にまとめることを心がけます。**一目置かれるようなスマートなメールを目指したいものです。

手紙と同様の体裁、時候の挨拶、結びの言葉などは必要ありませんが、取引の歴史が浅い場合は、**相手先の会社名や部署名、肩書き、氏名などは省略せずに書いた**

ほうが丁寧です。また、本文の末尾には送り主の連絡先が表示されるよう、自動署名機能などを上手に使いましょう。

◆ビジネスメールの件名は、具体的にわかりやすく

ビジネスメールでは、件名が重要な意味を持ちます。

まず、「お世話になっております」などの無意味な件名では、詐欺メールと勘違いされて読まずに捨てられる可能性もあります。捨てられないにしても、開封する優先順位が低くなり、対応が遅れることにもつながります。また、初めてのやりとりの場合などは、送信元アドレスや氏名に見覚えがなく、警戒心を抱かせることもあります。肝心なのは、一読してどんな内容かがわかることです。

それには、**「○○に関するお願い」「△△へのご案内」など、本文の内容を凝縮した形で、具体的に書くことが大切**です。

◆メールのやりとりが続く場合は、件名は変えない

同じ案件でやりとりが続く場合は、件名を変えずに返信します。

履歴をたどれるよう、引用しながら返信しますが、結果、非常に長いメールに

なってしまうこともあります。そんな時には、**直近のやりとりだけ残すか、あるいは現在続いている懸案事項に関するところまでを残して整理したほうが読みやすく、全員にとって現在の状態がわかりやすくなります。**

◆メッセンジャーアプリでは、いきなり用件でOK

ビジネスの場でも、メッセンジャーアプリを使うことが増えました。上手に使えば時間短縮にもなり、仕事の効率も上がります。

プライベートで使い慣れている人には抵抗がないようですが、仕事で使うことにとまどう人もまだまだいるかもしれません。手紙のように時候の挨拶などを前置きしてくる人もいますが、これは必要ありません。相手への配慮よりも仕事の効率を優先します。

書き出しや結びといった、いわゆる挨拶の言葉がなくてもOKなのがこれらメッセンジャーアプリのメリットなので、**いきなり用件に切り込んでも問題ない**のです。通信手段は、そのメリットを最大限に生かした使い方をしたいものです。

◆メールでは粗相がないようTO、CC、BCCを正しく使い分ける

電子メールの送り先には、TO（宛先）、CC、BCCの3種類があります。

まず、TOはそのメールを読んで対応や返信を希望する相手であり、注意を喚起する意味でも基本的には1名のみとします。複数人をTOにする場合は、いずれも同等に案件に関わる当事者である場合です。CCは当事者ではない関係者に、「参考までに見ておいてほしい」「念のため経緯を知らせておく」という情報共有で送ります。送られた人は、基本的に返信はしません。

BCCは、TOやCCと違って、他の受信者に対してメールアドレスが公開されません。転居や年賀メールなどを一斉送信したい場合や、お店や会社などが複数の顧客に対して送るダイレクトメールやお知らせなどに使われることがほとんどです。

一斉送信の宛先をCCにしてしまうミスなどは、セキュリティー面でのトラブルにもつながりかねません。それぞれの特徴をよく理解し、使い分けたいものです。**画像や動画など大容量のデータを送る場合は、圧縮してファイル便を使うなど、くれぐれも相手先に迷惑をかけないよう配慮したいもの**です。

COLUMN

手紙を書く時の約束ごと

季節の挨拶や結びの言葉

手紙文には、主に書き始めと結びの文にいくつかの約束ごとがあります。

頭語と結語はセットで、頭語の次に時候の挨拶がきます。これは日本独特の風習で、その時々の季節の美しさや情景を寿ぐ挨拶です。

そのあと本文が続き、用件を書き終えたら、結びの挨拶で季節の推移などを含めて相手の健康を気づかいます。結語のあとに、日付、差出人、宛名と続けます。

◆頭語／結語の組み合わせ

一般的な手紙…拝啓　拝呈　啓上／敬具　敬白　拝具　かしこ

目上の相手へ…謹啓　謹呈　恭啓／謹言　謹白　敬白

前文を省略する場合…前略　冠省／草々　不一

お詫びの手紙…前略失礼いたします　まずお詫び申し上げます／草々　不一　敬具

返信の場合…拝復　復啓　謹復／敬具　拝答　敬答

◆時候の挨拶

1月　頌春の候　新春の候　厳寒の候　明けましておめでとうございます

2月　晩冬の候　向春の候　余寒の候　梅の香の漂う季節となりました

3月　早春の候　陽春の候　春和の候　春の訪れもまもなくです

4月 仲春の候　春暖の候　花冷の候　桜も満開となるこの頃
5月 新緑の候　薄暑の候　風薫る季節となりました
6月 向暑の候　入梅の候　長雨の候　梅雨明けの待ち遠しいこの頃
7月 盛夏の候　仲夏の候　早星の候　暑中お見舞い申し上げます
8月 晩夏の候　暮夏の候　新涼の候　残暑厳しき折
9月 初秋の候　爽涼の候　白露の候　月の美しい季節となりました
10月 仲秋の候　清秋の候　秋冷の候　紅葉色づく折
11月 晩秋の候　向寒の候　初霜の候　朝夕冷え込むこの頃
12月 師走の候　寒冷の候　初氷の候　年の瀬も押し迫る折

◆**ビジネスなどかしこまった時候の挨拶**

・貴社ますますご清栄のこととお慶び申し上げます
・貴社におかれましてはいよいよご隆盛の段お喜び申し上げます
・○○様におかれましては、いよいよご活躍のこととお祝い申し上げます

◆**私信の挨拶**

・○○の季節となりましたが、お元気でご活躍のことと存じます
・○○のこの頃、お変わりなくお過ごしのことと存じます

◆**結びの挨拶**

・時節柄くれぐれもご自愛ください
・ご多幸をお祈り申し上げます
・お健やかにお過ごしくださいませ
・ご回復を心からお祈りしております
・皆様のご健勝をお祈り申し上げます
・一層のご活躍を祈念しております
・ますますのご発展をお祈り申し上げます

第4章

習慣を変えれば人生も変わる

——ふるまい方ひとつで物ごとがうまく動き出す

「感じのいい人」の思考やふるまい方について、ここまでお話ししてきました。さて、あなたの心に残る言葉はあったでしょうか。

現代は、効率を何よりも優先させる社会となっています。ここ最近では、経済活動だけでなく、暮らしや人間関係までもが効率重視に変化しています。**タイムパフォーマンス、コストパフォーマンスという言葉が流行し、ひとつのことをゆっくり考えたり、新しい挑戦にじっくり取り組んだり、十分な時間をかけて人間関係を築いたりすることは、もはや時代遅れとされている**のかもしれません。

そんな現代的な視点でこの本を読むと、なんだか古くさい価値観や説教くさい内容と感じるところがあったかもしれません。

でも、少し立ち止まってまわりを見渡してください。

仕事や人間関係を、寸暇を惜しんで効率よくこなしていく先に、どんな幸せが見えていますか？

コスパ、タイパのいい人生を、心から楽しんでいる人は本当にいますか？

映画や音楽などのエンターテイメントさえも短縮して鑑賞することで、深い満足感や充実感を得られていますか？

効率を重視するあまり、人間関係の悩みや自分の生き方に対する迷いは、もしか

するとと増えているのではありませんか？

あえて古い日本の価値観や美意識に立ち返る

ここで紹介した基本の思考習慣や、日常における小さな習慣、さまざまな場面でのふるまい方や作法は、すべて茶の湯という私が育ってきた日本の伝統文化の中に残されてきたものです。また、私が学んできた仏教の教えからも、いくつものヒントをもらっています。

これらは、単に古いからといって価値がなくなるものではなく、年月の中で磨かれ、余分なものが省かれ、本当に大切な真髄だけが宝石のように残されたのだと、私は考えています。

ひとつ例を挙げてみましょう。223ページの表は「茶事（少人数で行う正式な茶会）の流れ」について簡単にまとめてみたもの。あわせて現代のもてなしシーンにも置きかえてみました。こうしてみると、あらゆる場面の根底に、6つの思考習慣が流れていることがわかります。

「相手の気持ちを慮る」

「茶事の流れ」と「現代のもてなし」の関係

	茶事（例：炉・正午の茶事）	現代
案内状	趣旨、日程、招待客について書き、「お茶を一服差し上げます」の言葉を添えて巻紙で送る。	招待者は客どうしが楽しめるよう顔ぶれに配慮。メールやアプリなどでお知らせ。 慮る ご縁
前礼	客はできるだけ早く返信。	客は早めに返信。 感謝
事前の準備	**【掃除】** 茶室、露地、つくばいなどを清める。雨天に備えての準備も。	日頃、清掃が行き届かないところも掃除。雨天に備えての準備も。 きれい好き ご縁
	【しつらえの準備】 テーマに沿った道具、掛軸、花器、懐石など考え、炭、炉を準備。使用する茶碗などに湯を通しておく。	相手のことを考えて、支度を整える。 慮る わが身に置きかえる
当日	**【最終確認】** 茶室、露地、寄付、玄関、トイレの清掃。掛物、花などしつらえる。炉に下火を入れ、手水など用意。玄関先に打ち水、戸を少し開ける。	季節の花を飾るなど、来客の準備を整え、特別の一日とする。 慮る 感謝 わが身に置きかえる
	【迎え付けと挨拶】 茶室、つくばいを清め、露地で客と黙礼。茶室に入ったら、あらためて挨拶を交わす。	招いた側も招かれた側も相手にこの日を迎えた感謝を伝える。 ご縁 敬う 感謝 わが身に置きかえる
	【炭点前→懐石→菓子→中立→濃茶→薄茶】 ほどよく湯が沸くよう炭点前をし（季節で順番は変わる）、懐石は旬の食材を冬は暖かく夏は涼しげに供す。主客酌み交わし、場を楽しむ。客は器が片づけやすいよう心配り。主菓子のあと一旦、中立（休憩）。濃茶を点て供する。釜の煮え加減を確認。干菓子、薄茶を供す。	飲み物や食事は、出すタイミングが肝心。招く側が忙しすぎて席を外してばかりでは味気ないので、会話とのバランスも大事。 慮る 感謝 ご縁 わが身に置きかえる
	【送り出し】 客は再度道具などを拝見し、退席。主客は露地で挨拶を交わす。	客は頃合いを見て長居しすぎないようおいとまする。 慮る 敬う 感謝 わが身に置きかえる
後礼	客は手紙で茶事の礼を述べる。印象に残ったこと、うれしかったことなどを書き添える。	メールや葉書で早めに感謝の意を表す。 慮る 敬う 感謝 わが身に置きかえる

「神仏や自然、他者を尊ぶ、敬う」

「自然の恵み、他者に感謝する」

「心の内よりきれい好きに」

「ご縁を大切にする」

「わが身に置きかえる」

本質は決して変わっていないことがおわかりいただけるでしょうか。

これは、日本の伝統文化にくわしくない若い人たちへのメッセージだけにとどまりません。逆に伝統文化に深く関わっている人たちへも、今一度ふり返ってもらうためのメッセージでもあります。作法やルールは、その場にいる人みんなが心地よく過ごすために生まれたもの。すべての人がこのことを忘れずに、感じのいい人となるための習慣を目指して過ごしていきたいものです。

身近なところから始める

人間関係でふとつまずいたり、悩んだりした時、今までの自分の生き方や人との接し方が間違っていたのではないかと迷った時には、この6つの思考習慣を思い出してください。

いつの間にか自分が世の中の風潮に流され、効率ばかりを考える行動や習慣になっていたことに気がつくはずです。

とはいえ、実際の生活の中でいつもこうした考え方ができているかとなると、本当はとてもむずかしいことかもしれません。

特に「相手の気持ちを慮る」は、自分に余裕のある時や仲の良い人に対してなら実行できても、嫌いな人や自分を攻撃してくる相手に対してはとうていそのような心持ちにはなれないことでしょう。

最初はそれでいいと思います。

まずは、自分の好きな人や家族、仲のよい友だちに対して、相手の気持ちを慮り、より気持ちよく過ごせるよう、思いやりをもって接してみてはどうでしょう。**いつのまにか自分を優先してふるまっていたなら、その態度をあらため、相手を優先する**行動を取れば、きっとその変化に気づいてくれるはず。あるいは、**いつも自分が損をしているように感じてしまう相手にも、むしろ「どうぞ」の譲る気持ちで接してみれば気持ちに余裕が生まれ、おだやかにつきあうことができます。**

そうして相手の反応が変わってきたらこっちのもの。人間関係がうまくまわり出した証です。次はもう少し広い範囲に広げてみてはいかがでしょう。

まずは自分を好きになる

６つの思考習慣の最後に、「わが身に置きかえる」を挙げました。

自分本位と他人本位の両方を同時に習慣化することの大切さを説いたこの考え方も、実は茶の湯におけるもてなしの根本をなすものです。

日常生活に置きかえると、誰かをもてなすというよりもむしろ、誰かと今よりももっと分かり合いたい、深く理解し合あいたい、絆を深めたいという時にこそ役立つ考え方ではないでしょうか。

私たちはしばしば、相手に合わせすぎたり、相手の気持ちがわからずに苦しんだり、または自分を押し殺しすぎて疲れてしまいがちです。

そんな時こそ思い出してほしいのが、「わが身に置きかえる」なのです。相手とはしょせん他人。どんなふうに感じているのかはわからないのに、そこにばかりこだわっていてはよい人間関係は築けません。

まずは自分を好きになること。

そのためには、自分の考え方やふるまい方を俯瞰で眺め、自分が相手に対してできることを見極め、誠意を持って尽くしましょう。

自分が変われば相手も変わる

まず自分が変われば、相手も変わり、そうすることで互いへの敬意や理解も深まります。

仕事の上でもプライベートでも、自分と周囲の関係を変えたいと思った時、まず相手を変えようとするのは無駄な努力です。かりに相手が一方的に間違った考え方や行動をしていると感じている時でも、それを説得し、行動をあらためさせる試みは徒労に終わることがほとんどです。

でも、自分のほうが、相手への接し方や態度、話し方を変えれば、自分の中に余裕が生まれます。そしてその余裕は相手にも伝わり、結果的には相手も変えることになるのです。

環境を変えたければまず自分が変わること。そうすることで未来も人生もまた変えられるのです。

思考を習慣化するということ

それでもまた、人間関係の悩みはどこかから発生してくるでしょう。

その時には何度でも、6つの習慣に立ち戻るクセをつけてみてください。

相手を思いやる心を習慣化していたはずが、何かにこだわる気持ちが芽生えたために、いつのまにか自分本位な行動になっていることはよくあること。それでも、**たびたび足を止めて自分を俯瞰で眺めることを習慣化**できれば、関係修復は間に合います。

大切なのは、立ち返るための場所があるということ。

6つの思考習慣は、日頃の自分を縛る存在ではなく、「感じのいい人」に立ち返るためのよすがです。

これは、マナーや作法も同じこと。繰り返しになりますが、マナーや作法は自分の考えや行動を縛るためのものではなく、周囲と良好なコミュニケーションを取り、人間関係を深めていくための手段です。

日本で育まれた感性は世界でも通用する

譲り合う心、相手を思いやる気持ち、自然に感謝し、分け合い敬い合う精神などは、この日本という風土に生まれ、日本人として長い歴史を刻む中で育み、先人から受け継いできた美徳です。

この**「相手を思いやる心」は、これからの世界に最も必要な考え方**なのではないか、と私は思うのです。

現在も、世界の各地では国と国との諍いや民族同士の紛争、領土を巡る攻撃が止むことがありません。日本という国もまた、それに関して否応なく影響を受ける立場にあります。さまざまな立場を主張する国や民族、宗教の存在する世界で、今こそ「相手の身になり思いやる心」を持たなければ、人は太古の昔から一歩も成長をしていないことになります。

日本という風土が育んだこの独特な精神は、日本人としてこれからの世界で胸を張って示していくべきものであると思うのです。

「感じのいい人」は自分の中にいる

最後に、なぜ私たちは「感じのいい人」「信頼のある人」になりたいと思うのでしょう。なぜ人間関係を円滑にさせたいのでしょう。

それは**結局、自分自身が幸せになりたいからなのではないでしょうか。まわりも幸福になれば自分も幸福になる。**幸福になることを究極の目標に、今までのふるまいや態度をふり返り、自分を変える。「感じのいい人」は、幸福への最初の一歩なのだと思います。

この本を読んでみて、はたして自分は「感じのいい人」になれそうだと感じましたか。それとも、自分には無理だとあきらめたでしょうか。

あきらめたとすれば、それは早急すぎる答えです。

なぜなら、「感じのいい人」はすでにあなたの中にいるのです。生まれつきの性格や今身についている習慣は、生涯変えられないものではありません。

今すぐ、自分を変える。日々のちょっとした心がけやふるまい方で、いつでも「感じのいい人」になることができ、また「信頼するに足る人」になることができます。

この本を読んだ今、あなたはもう「感じのいい人」としての第一歩を歩み出しているのです。

おわりに

感じのいい人からお茶のある人へ

千 宗屋

まず正直に告白するなら、茶の家に生まれ育ち幼少の頃からさぞ厳しい作法やマナーを叩き込まれたと思われがちな私ですが、存外そうでもなく両親や祖父母はのびのびと自由に育ててくれました。外で人様にそういったことを教示することを生業としているせいか、身内にはその反動があったのかもしれません。ただ祖父は比較的厳格な人で幼心に少し怖かった記憶があります。

6歳の6月6日からお茶の稽古初めを行われるところもあるようですが、そういったことも特になく、ただ記憶にあるのは、ある日奥の仏間へと父に手を引かれて行くと、祖父が怖い顔をして硯と墨を横に待っていました。私の手に太い筆を持たせて大きなその手を添え、たっぷり墨を筆に含ませた後、横幅のある紙に一気呵成に「一」の大字を書かせたことがありました。「一、万物の始まる所なり」。思えばそれが手習い初め、私にとってのお稽古初めでした。しかしその後定期的に書やお茶の稽古をしたわけではありません。ただ自宅は茶室や事務所のある家元の施設と棟続きで扉一枚隔てた向こう側、常に人の出入りがあり公とプライベートの仕切りはかなり曖昧な住環境でした。稽古の強要はなくとも、お稽古日の後には水屋で余ったお菓子を頂きながら薄茶一服を頂くことは日常でしたし、夕食時の会話にはその日の稽古や茶会で起こった出来事や人様の話を聞くともなしに聞いておりました(さらに内弟子さんとは夕食の座を共にすることも多かったです)。ですから、やはり特殊な環境で育っていたことは間違いないわけで、それらが今に至る私という人格形成に計り知れない影響を及ぼしたと思われます。

そんな私が今回小学館さんよりマナーや良識を説く本を出版してほしいとのご依頼を受け、最初は大変躊躇いたしました。茶の湯に関わることならともかく、ビジネスマナーや冠婚葬祭を含めた、日常における良識全般に対し大上段から物をいうような本を出すなど烏滸(おこ)がましいにも程があると思ったからです。さらにただでさえ茶の湯、就中(なかんずく)茶道は一般的には作法にうるさく、面倒くさい、正座が大変など、昨今のライフスタイルからの乖離により敬遠されがちです。そこに今回のような本を出しては茶道＝作法という私が最も避けたいイメージの流布をますます助長してしまうのではないかと、危惧したのです。

しかし昨今のモラルハザードは時に目を覆うようなことがあり、多様性という名のもとに一つの価値観や様式を当て嵌めて行動を促すような作法やマナーは時代遅れと捉えられる向きもあります。さらに何かにつけ「我よし」「私が！」と自我が声高に叫ばれ、自分ファーストな考え方や行動が横行し、いささか生きにくい世の中に感じることが多々あります。それと相反するように現在書店や書籍の通販サイトを覗くと、「一流に見られたい」「上品な人に思われたいマナー」といった文言とともにマナーや作法、常識の取得を売りにした本が氾濫し、ベストセラーを競っています。しかしこれらの惹句を見ると、いずれも自分がどうあるべきか、ではなく他人からどう見られたいか、という方に関心がシフトしているようで、ここにもまた自分ファーストな考えが幅を利かせていることを窺わせ、いささか困惑してしまいます。

翻りますと、被災地での譲り合いの様子を持ち出すまでもなく、日本人にとって「我よし」を声高に主張するのではなく、お互いを尊重し譲り合う謙譲の精神は生来備わっている美徳とされていました。私が修行をした比叡山を開かれた伝教大師最澄上人は、仏教で何より大事な慈悲の教えの究極は「己を忘れて他を利する」

ことにあると説かれました。そういった日本人の高い精神性や良識・美学のエッセンスが集約されている茶の湯においては、亭主が客である自分のために点ててくれたお茶であっても、必ず両側に座る連客に対し「お相伴します」「お先にいただきます」と挨拶を交わしてから頂くという、譲り合いの精神が当たり前のように日々作法として行われています。また千利休はじめ歴代の茶人・宗匠方による、茶席での主客の応酬の機転など、珠玉のような逸話の数々も茶の湯の世界には存在しています。さらに私自身は、年齢の割にかなり歳の離れた人生の大先輩方と近しく交わるご縁を幼少の頃より重ねておりました。上は１００歳近い古老の方からその分厚い人生経験を集約したようなお話を直接お聞きしたり、実際の行動で身をもって示してくださったものを身近に拝見したことが一再ならずあります。それらのエッセンスをこの機会にわかりやすく翻案し、見た目や形ではないマナーや作法の本来あるべき姿やその奥にある本質のようなものを、広く茶の世界の外へお届けすることもまた、私の一つの役割ではないだろうかと思い至り、本書の上梓に至りました。

いっとき「おもてなし」ということばが流行りました。そして茶の湯はもてなしの文化としてもてはやされることがあります。しかし「もてなし」とは、客を迎え心地よく過ごしてもらうために至れり尽くせりの一方的なサービスすることではありません。本来は「以って為す」、縁あって出会った人と人がお互いを敬い合いリスペクトする関係性があって初めて成り立つものなのです。茶の湯では亭主はもちろん、一見もてなしを受けるのみと思われる客であっても、それを受けるに足る資格があるか試されるような場面がいくつもあります。そのために客もまた日頃から稽古や日々の学びによって知識や経験を重ねていかなくては、本当の意味でのもてなしは成り立ちません。いくら亭主が客のためにとっておきの名物茶道具を用いて茶事を催しても、受ける側にその道具の重要性、貴重さへの理解がなければ、それは亭主の独り相撲となってしまいます。さらに迎えられた客は、亭主の心遣いを受け止める意味で道具を丁重に扱うなど相応しい振る舞いをすることで、その一期一会は成立するのです。想いを込めて出した道具を客が理解し、きちんと扱い敬意を以って振る舞えば、その瞬間は亭主が客にもてなされているといえるでしょう。それこそが茶会における主客の理想的なあり方「賓主互換」の境地です。そういったことを、知識をひけらかすわけでもなく、さらに押し付けがましく行うでもなく、相手を気遣って心の余裕をもってサラッと行える人のことを、茶の世界では「お茶のある人」といいます。私は茶の湯の美徳を表したこの「お茶のある」ということばが大好きです。私にとって「感じのいい人」とは何より「お茶のある人」でもあるのです。

なお本書で触れております茶の湯の作法は、原則として私が所属する武者小路千家のものに基づいております。またそれ以外のマナーや約束事もこれが絶対というものではなく、流派や地域、組織、共同体、または親族間によって様々なルールが存在します。あくまでも一つの目安として参考にしていただければ幸いです。

本書を世に送り出すにあたって多くの方のお世話になりました。

本書の企画を根気よくご提案くださり常にサポートしてくださった小学館の五十嵐佳世さん、私の拙い話を的確に文章にまとめてくださった井上雅惠さん、我が子と重なるかわいい赤ちゃんの仕草を捉えたイラストに一目惚れし今回特に挿画をお願いし、堅くなりがちな内容にまさに愛らしい花を添えてくださったおおのたろうさん、事務的な手続きを担ってくれている㈱ＬＤＣｍｏｖｅの中村奈央子さん、久保加緒里さん、私を人として育ててくれた両親や諸先輩方、社中の皆さん、そして人生の伴侶としていつも軌道修正をしてくれている妻と、これから改めて人としての道を共に学んでいかなければならない我が子の存在に感謝して擱筆いたします。

令和六年七月　平和の祭典巴里五輪開幕の朝

著者プロフィール

千　宗屋（せん・そうおく）

茶人。千利休に始まる三千家のひとつ、武者小路千家家元後嗣。1975年、京都市生まれ。慶應義塾大学大学院前期博士課程修了。2003年、武者小路千家15代次期家元として後嗣号「宗屋」を襲名し、同年大徳寺にて得度、「隨縁斎」の斎号を受ける。2008年、文化庁文化交流使として一年間ニューヨークに滞在。2013年、京都府文化賞奨励賞受賞、2014年から京都国際観光大使。2015年、京都市芸術新人賞受賞。日本文化への深い知識と類い希な感性が国内外で評価される、茶の湯界の若手リーダー。古美術から現代アートにいたるまで造詣が深い。著書に『茶 利休と今をつなぐ』（新潮社）、『茶のある暮らし 千宗屋のインスタ歳時記』（講談社）、『千 宗屋の和菓子十二か月』（文化出版局）など多数。慶應義塾大学大学院政策・メディア研究科特任教授、明治学院大学非常勤講師（日本美術史）。一児の父。

Instagram @sooku_sen

Staff

イラスト／おおのたろう

カバー装丁／小口翔平・青山風音（tobufune）

本文デザイン・DTP／辻井知（SOMEHOW）

取材・文／井上雅惠

校閲／玄冬書林

制作／国分浩一・苅谷直子（小学館）

マーケティング／佐々木俊典・鈴木里彩（小学館）

編集／五十嵐佳世（小学館）

お茶の若宗匠が教える「人づきあい」と「ふるまい方」

いつも感じのいい人のたった６つの習慣

2024年10月7日　　初版第1刷発行

著　者　千宗屋
発行者　五十嵐佳世
発行所　株式会社小学館
〒101-8001　東京都千代田区一ツ橋2-3-1
編集　03-3230-9173
販売　03-5281-3555
印　刷　ＴＯＰＰＡＮクロレ株式会社
製　本　牧製本印刷株式会社

ISBN978-4-09-311574-2